W0359168

I libri di Massimo Vacchetta
(anche in ebook)

25 GRAMMI DI FELICITÀ
(con Antonella Tomaselli)
CUORE DI RICCIO

MASSIMO VACCHETTA
con MATTIA FABRIS

RACCONTAMI QUALCOSA DI BELLO

Sperling & Kupfer

Le foto dell'inserto, tranne dove diversamente indicato, sono di Massimo Vacchetta.

Pubblicato per

Sperling & Kupfer

da Mondadori Libri S.p.A.
Proprietà Letteraria Riservata
© 2021 Mondadori Libri S.p.A., Milano
RACCONTAMI QUALCOSA DI BELLO

ISBN 978-88-200-7214-8

I Edizione ottobre 2021

Anno 2021-2022-2023 - Edizione 1 2 3 4 5 6 7 8 9 10

A mamma Franca
e a Daniele

Indice

Prologo
Raccontami qualcosa di bello

A volte non servono le parole per esprimere il nostro amore... e a volte non bastano...

Esito a lungo prima di inserire la chiave nella toppa della porta che mi divide dal passato: il sole disegna una pallida ombra del porticato sul marciapiede davanti alla casetta colonica e il giardino che la circonda è ormai ingiallito dall'arrivo dell'autunno.

È il 6 ottobre, il giorno del mio compleanno.

Tiro un lungo sospiro prima di entrare. Il cuore mi batte all'impazzata fino a farmi pulsare le tempie. Spalanco la porta. Un intenso odore di muffa mi investe le narici; da quanto tempo non mettevo piede in questo posto.

Davanti a me, accuratamente chiusi nel cassetto della memoria, mille ricordi mi attendono nella penombra.

L'occhio cade sulla fila di cuori di paglia dipinti di bianco e rosso appesi al muro. Li fisso mentre mi siedo sul divano del tinello. Di fronte a me c'è una sedia, vuota, accanto al tavolo antico coperto dalla tovaglia di pizzo: tutto è rimasto immutato, sistemato in attesa del suo ritorno.

Resto seduto a osservare quello scorcio di vita congelato nel tempo e mi invade una sensazione di vuoto e di malinconia. Abbasso il capo e senza nemmeno rendermene conto le lacrime mi scendono sul viso. Ecco, finalmente il dolore inizia a fluire libero.

Dove sei? Mi vuoi ancora bene?

Rimango qualche minuto in silenzio ad ascoltare l'oceano di sensazioni dolci e amare che quel luogo mi evoca.

Quando rialzo la testa mi ritrovo a osservare un piccolo cuore di stoffa bianca appeso all'anta della vecchia credenza. C'è scritta sopra un'unica parola: LOVE. Per un istante sembra oscillare.

Un brivido mi percorre la schiena. *Mi hai sentito? È la tua risposta? Se solo potessi…*

Il mio pensiero torna alla sera in cui rientrasti a casa dall'ospedale per l'ultima volta. «Massimo», mi dicesti, «se non hai tempo di chiamarmi o di rispondermi, non preoccuparti. Sei tanto indaffarato a curare i ricci, lo so, ma fammi solo suonare il telefono una volta. Lo sentirò e così saprò che mi stai pensando e subito ti risponderò con un trillo anch'io. Sarà come essere vicini lo stesso.» Quanto vorrei poter fare quello squillo adesso.

Richiudo gli occhi e questa volta la memoria mi porta ancora più indietro, ai tempi dell'infanzia.

Mi rivedo bambino, nella vecchia casa dei nonni, mentre mi aggrappo all'ampio davanzale per raggiungere la finestra, accanto al vecchio mobile della cucina. Tutte le sere attendevo per ore che tu tornassi da me, gli occhi fissi sui vetri anneriti dalla fuliggine della stufa, per cercare di scorgere i fari dell'auto che annunciavano il tuo arrivo. Ora come allora sento la tua mancanza come un pugno nello stomaco.

«Mi racconti qualcosa di bello?»

I ricordi fanno un balzo in avanti, nel pieno della tua malattia, quando una sera, all'improvviso, mi facesti quella domanda. Non so di cosa ti parlai quel giorno, però la tua richiesta mi è rimasta scolpita nel cuore. La verità è che non sono mai riuscito a esprimere tutto ciò che provavo per te. Lo sai, sono bravo con gli animali, ma con le persone...

Ripenso ai mesi passati, a tutti quei momenti in cui avrei voluto alzare il telefono o correre da te per raccontarti le vicende meravigliose che mi stavano capitando e forse anche i miei problemi, le mie ansie.

Se ci rifletto ora, ciò che è accaduto da quando te ne sei andata ha del prodigioso. Chi l'avrebbe detto che dall'incontro con Ninna, un esserino così piccolo e indifeso, sarebbe nato tutto questo? «Una farfalla batte le ali in Giappone e dall'altra parte del mondo scoppia un uragano»: già, trovare Ninna è stato il battito d'ali e la mia vita è cambiata in modo radicale e imprevedibile. Così è nato il Centro Recupero Ricci «La Ninna», che ha dato alla mia esistenza quel senso e quello scopo che fino ad allora avevo cercato invano.

Ma non solo.

Adesso, qui, seduto sul divano nel tinello silenzioso della tua casa, dopo un anno di terribile pandemia, so che anche il Centro di cura dei ricci è stato a sua volta un battito d'ali, che ha generato e genera meravigliosi e inaspettati uragani nella mia vita e in quella di tanti che ci seguono e ci stanno vicini.

Questa è la cosa più bella e incredibile che ti posso raccontare.

Chiudo di nuovo gli occhi e mi lascio cullare dai ricordi.

1
Una giornata indaffarata

«Forza, Sonia, portami un pad riscaldante! Dai, che è collassato! È in ipotermia, ha la pancia gelata. Dobbiamo fargli salire la temperatura! Tu, Chiara, che stai aspettando? Dammi subito un bicchiere di acqua tiepida per scaldare la flebo! Le pinzette, forza, mi servono le pinzette! Muovetevi!»

È uno di quei giorni in cui divento isterico, antipatico e pignolo. Sbraito ordini alle ragazze come se fossimo in un pronto soccorso in piena emergenza.

«Sbrigatevi! Dobbiamo reidratarlo al più presto per contrastare lo choc!»

Intanto il telefono squilla senza posa. Ma che succede oggi? Siamo sommersi dalle chiamate e il Centro sembra sotto assedio.

Sono chino sull'ultimo arrivato. Il corpicino giace quasi inerte sul tavolo del mio ambulatorio. Sto cercando di ripulire le sue ferite da un'infestazione di larve di mosca carnaria.

Come lui, molti ricci arrivano da noi in condizioni

pessime: investiti dalle auto, sfregiati dai decespugliatori, attaccati da un cane... e dobbiamo agire in fretta e senza esitazioni per tentare di salvare le loro fragili vite.

Il telefono squilla di nuovo.

«Abbassa quella suoneria!» sibila Barbara, che sta nutrendo un piccolo riccio con la siringa.

«Adesso non posso», rispondo sempre più teso, «ho le mani impegnate, non ti rendi conto di quanto è grave questo poveretto?»

La mia agitazione contagia tutta la squadra e in questi momenti il Centro sembra abitato da un gruppo di matti invasati. E forse di fatto è un po' così.

Il telefono continua a squillare.

Ora non ho tempo, datemi un attimo di tregua!

Silenzio la suoneria e mi ributto sul mio piccolo paziente. Tampono le piaghe con una soluzione disinfettante. Le larve di mosca carnaria si infilano nelle ferite, devo scovarle tutte e rimuoverle con le pinzette, a una a una, prima che lo divorino vivo dall'interno. Poi dovrò liberarlo anche dalle uova. Le mosche le depositano dappertutto, sui peli, sugli aculei, nelle piaghe, e si schiudono dopo solo dieci ore, generando così altre temibili larve.

Il telefono ha smesso di suonare, ma ora ne sento la vibrazione e il mio nervosismo aumenta.

Chi è che continua a chiamare? Basta!

«Massimo, ti ho portato la flebo», mormora Chiara.

«Riempi la siringa», le ordino, «e mettila nell'acqua calda, fai in fretta.»

Mi rendo conto di usare toni militareschi e di essere mio malgrado brusco con chi mi capita a tiro, ma in queste situazioni sono proprio velocità e coordinamento a fare la differenza. Anche le ragazze lo sanno. E soprattutto, ormai mi conoscono: in alcune occasioni divento insopportabile.

Il telefono non smette di vibrare e la mia pazienza è finita. Lo afferro con l'istinto di tirarlo contro il muro, poi mi trattengo e mi limito ad appoggiarlo sul mobile più lontano. *A te penserò più tardi.*

Mentre torno dal mio piccolo paziente chiedo notizie degli altri nostri ospiti: «Soffia ha fatto pipì? Avete pesato Jack? Lella ha mangiato?»

Le ragazze mi seguono aggiornandomi con precisione; per quanto a volte sia un po' duro con loro, sono infinitamente grato a Barbara, Sonia, Gloria, Chiara e Arianna. La generosità e l'impegno che mettono in questa impresa non hanno pari, e senza di loro sarei perduto; basti pensare che oggi il Centro conta quasi duecento ricci in cura e non c'è centimetro dell'edificio che non sia occupato da una gabbia. Potrei mai fare tutto questo da solo?

Lavoriamo a ritmo serrato fino a metà pomeriggio, poi, finalmente, la situazione sembra calmarsi. Ogni riccio è stato curato e sistemato nel suo box, con un nido caldo e buon cibo a disposizione, l'ambulatorio è di nuovo in ordine, gli strumenti sterilizzati.

Io invece ho bisogno di tirare il fiato e rilassarmi un attimo dalla tensione accumulata.

Purtroppo, non è destino: appena recupero il telefono vedo una notifica, apro la chat e compare la foto di un riccio accasciato sul bordo di una strada. Sembra molto gonfio, ha l'aspetto di un palloncino. Il messaggio che accompagna l'immagine è di Daniele, un giovane collaboratore del Centro. «Massimo, ho trovato questo riccio! Che faccio?»

Guardo l'ora di invio: le 15. Ormai sono le 17, è passato

troppo tempo, quel povero riccio sarà già morto! Compongo frenetico il numero di Daniele con il cuore che batte più del dovuto. Sono veterinario da oltre vent'anni, eppure non mi sono abituato: non c'è niente al mondo che riesca a mandarmi in agitazione più di un animale che soffre.

«Pronto, Daniele, sono io! Scusami, stavo operando, non potevo risponderti. Dimmi, come sta il riccio?»

Lui reagisce con un tono ancora più alterato del mio e mi bastano solo tre parole per capire che si trova in un grande stato d'ansia. «Non lo so!» grida quasi.

«Ma come non lo sai?» incalzo io. «Sei sicuro che sia vivo? Dalla foto sembra molto gonfio, come se fosse in putrefazione.»

«No», risponde lui sicuro. «Mia zia dice che si muove, è vivo! Cosa devo fare?»

«Prendi una scatola di cartone», gli spiego, «riempi una bottiglia d'acqua calda, avvolgila in un panno e mettigliela a fianco. Poi portamelo subito qui!»

Riattacco. In automatico la mia mente comincia a immaginare il piccolo riccio da solo, in fin di vita sul ciglio della strada, e la preoccupazione aumenta. Per fortuna dura poco, perché mezz'ora dopo Daniele si presenta al Centro. È sudato e, se possibile, più agitato del solito.

Sono le 17.30 del 15 ottobre 2019.

La riccetta in fin di vita che Daniele mi consegna in una scatola è Casimira. La sua è una storia meravigliosa e la conservo nel cuore in un posto speciale. Ma per poterla raccontare devo partire da un'altra storia, che comincia qualche mese prima: quella di Daniele.

2
Daniele

Era una mattina di inizio estate. Stavo cambiando i fogli di giornale nelle gabbie, routine quotidiana per tenere i nostri piccoli ospiti in un ambiente pulito, quando arrivò la telefonata di Caterina, un'assistente sociale che di tanto in tanto, in accordo con il tribunale, ci manda persone che devono fare un percorso di «servizi socialmente utili».

«Buongiorno, Massimo... ehm...» La voce era stranamente esitante. «Abbiamo qui un ragazzo... è un po' problematico, soffre di un disturbo, l'ADHD... La nostra è già la seconda struttura che lo prende in carico, ha avuto qualche problema con la giustizia... Se fosse possibile trovargli un'occupazione lì da voi...»

Non sapevo cosa fosse l'ADHD e tanto meno avevo idea di cosa potesse aver combinato quel ragazzo, ma d'istinto risposi di sì. Qualunque sia la sua storia ha bisogno di aiuto, pensai, e forse noi possiamo darglielo. Mi piace che il nostro Centro sia anche un luogo dove accogliere e chissà, forse dare una mano, a chi si trova in difficoltà, senza pregiudizi o paure.

«Siamo qui», risposi. «Mandalo pure da noi oggi stesso.»

Non appena posai il telefono fui colto dalla curiosità: chissà chi è questo ragazzo, chissà come potrà esserci utile e, soprattutto, in che modo potremo aiutarlo.

La risposta alle mie domande arrivò dopo pranzo, accompagnata dagli acuti rintocchi della campanella appesa fuori dalla porta del Centro: sulla soglia c'era Daniele.

Poco più che ventenne, era in evidente stato di agitazione, l'espressione spaventata dietro i numerosi piercing che gli ornavano naso, labbra e sopracciglia. Che bel viso sotto tutti quei gingilli, pensai. Gli occhi grandi, da cerbiatto, erano molto espressivi e dolci.

Lo invitai a entrare per scambiare due parole e avvicinai una sedia alla mia scrivania. Lui la ignorò, preferendo i tre gradini che portano alla stanza attigua. Era irrequieto, non stava fermo un secondo: mentre parlavamo si alzava, si risedeva, andava avanti e indietro come se non trovasse pace.

Mi fu subito chiaro che ci teneva a fare buona impressione e la cosa mi riempì di tenerezza. Dopo aver scambiato i primi brevi convenevoli gli posi la domanda che faccio sempre a chi desidera collaborare con noi: «Daniele, perché proprio gli animali?»

Rimase un attimo in silenzio, come per raccogliere i pensieri. «Perché...» rispose cercando le parole, «gli animali sono puri. Sto bene con loro.» Fece un'altra pausa e mi chiese se poteva accendersi una sigaretta. Ovviamente risposi di no e lui riprese: «Cioè... forse da loro non mi sento giudicato, dagli animali, intendo».

Quella frase mi colpì al cuore.

Riconobbi all'istante qualcosa di me: la difficoltà che talvolta provo nel relazionarmi con le persone e la libertà, la pace di quando sto con gli animali. Dobbiamo assolutamente aiutare questo ragazzo, mi dissi. «Ok, Daniele, per me va bene», gli comunicai dunque con un sorriso.

E così iniziò il suo percorso al Centro.

L'estate da noi è un periodo caldo. Non per la temperatura, bensì per la quantità di richieste di aiuto che riceviamo. Il letargo è ormai un lontano ricordo e nella bella stagione per i ricci il pericolo è sempre dietro l'angolo. Gli umani potano siepi, falciano prati, bruciano ramaglie. Inoltre, le cene, gli aperitivi, i cinema e la mondanità fino a tarda notte spingono le persone a prendere la macchina per spostarsi anche di poche centinaia di metri, e spesso questi animaletti vengono investiti mentre attraversano le strade inondate dalla luce accecante dei fari.

Ogni sabato Daniele trascorreva il pomeriggio con noi al Centro e con il passare delle settimane entrammo sempre più in confidenza. Mi accorsi subito di quanto fosse volenteroso e desideroso di aiutare, e al contempo maldestro. Aveva un bisogno costante di essere seguito, ma io non avevo sempre il tempo di farlo. Un giorno gli chiesi di lavare il pavimento della cucina; dopo qualche minuto tornò con un secchio pieno e, tra la costernazione generale, gettò l'acqua sul parquet come se dovesse ripulire il ponte di una nave.

Scoprii che ADHD è la sigla per indicare il disturbo da deficit di attenzione e iperattività, che è piuttosto invalidante, genera uno stato di costante agitazione e una sensazione di nervosismo e irrequietezza. Era come se Daniele fosse sempre leggermente fuori posto e fuori asse. Ciononostante, restavo convinto che stessimo facendo la cosa giusta. Il ragazzo aveva sani principi, uniti a una dolcezza e bontà d'animo come si incontrano di rado, che con tutta probabilità fino ad allora non aveva mai avuto occasione di esprimere. Nei momenti di pausa parlavamo di tutto, ed ero piacevolmente colpito dalla sua intelligenza vivace.

Per venire da noi faceva trenta chilometri in motorino. Percepivo che con me si sentiva considerato e rispettato, e a suo modo aveva preso a cuore la causa dei ricci; dal canto mio, l'idea di poter fare qualcosa per quell'anima violentata dalla vita mi faceva sentire bene.

Ma non era certo tutto rose e fiori.

L'ADHD non era l'unico problema di Daniele: il ragazzo conosceva in modo approfondito, quasi scientifico, tutti i farmaci psicotropi e i relativi effetti. Le droghe erano per lui un modo per sedare la costante agitazione di cui era vittima, e mi raccontava con grande candore dei farmaci che prendeva, legalmente o meno, per calmarsi e lenire l'ansia. Daniele soffriva e io non avevo ancora ben chiaro come poterlo aiutare. Non era semplice.

Ricordo le discussioni con alcune volontarie. «È una grossa responsabilità tenerlo qui», dicevano. «Non siamo psicologi, noi curiamo i ricci!»

Io insistevo: «Se limitiamo la nostra visione ai ricci, se li usiamo per tapparci gli occhi e rimanere insensibili a ciò che ci passa accanto, non avremo imparato nulla! Questo è un centro di cura per gli animali, è vero, ma non possiamo fare finta di niente di fronte alla sofferenza delle persone. Daniele deve essere aiutato!»

«Ma non spetta a noi farlo», rispondevano loro. «Servono psicologi e psichiatri, non veterinari!»

«No!» mi arrabbiavo io. «Serve anche il cuore! La scienza da sola non basta, ci vuole la compassione!»

Spesso i nostri dissidi finivano in niente e ognuno manteneva la propria posizione.

Intanto il tempo passava e Daniele continuava a lavorare come meglio poteva.

Poi però arrivò Casimira. E tutto cambiò.

3
Casimira

Non scorderò mai l'espressione di Daniele mentre mi consegnava la scatola. Nel suo sguardo c'era una supplica silenziosa: «Salvalo, Massimo, salvalo!» Chissà quanto di sé aveva proiettato in quella creatura ferita e indifesa, e l'unica cosa che voleva era farla tornare alla vita.

Presi la scatola dalle sue mani, la aprii e quello che vidi mi inorridì.

Il riccio era vivo, ma era così gonfio che la pelle si era espansa fino a inglobare quasi del tutto le zampe. Era una femmina. Ferita e piena zeppa di uova di mosca, era affetta dalla «sindrome del palloncino», tipica di questi animali quando subiscono un trauma cranico. La lesione delle prime vie aeree fa sì che, mentre respirano, parte dell'aria si diffonda sottopelle, con l'effetto appunto di gonfiarli.

Introdussi sottocute un ago cannula collegato a una siringa e cominciai ad aspirare l'aria. In poco tempo mi ritrovai tra le mani una riccetta piccolissima. Immobile accanto a me, Daniele la osservava con apprensione. Non l'avevo mai visto così, fissava la riccia trattenendo il fiato. Mi immedesimai in lui e fui invaso da un'ondata di commozione. Sentivo che, curando Casimira, stavo facendo anche qualcosa per quel ragazzo, e questo rendeva la mia motivazione ancora più forte.

Dopo una breve pausa presi la pinzetta e cominciai a ripulire la piccola dalle uova di mosca, ma presto fui preso dallo sconforto, perché sembravano non finire mai. Impiegai molte ore a rimuoverle tutte; era mezzanotte passata quando, dopo averle somministrato una flebo e un antibiotico, la misi finalmente a riposare in un caldo nido di pile.

Durante la notte mi alzai spesso per controllarla. Non mi aspettavo miracoli perché era davvero malridotta, ma con il passare delle ore la riccetta cominciò a dare segni di vitalità. Sentivo molta compassione per lei: immobile nella sua gabbietta, lottava silenziosamente per la vita dopo chissà quante ore passate sul ciglio di una strada senza nessuna prospettiva di salvezza. Ma non era solo questo. Il mio pensiero tornava sempre a Daniele, che mi tempestava di messaggi per avere notizie. Io lo aggiornavo puntualmente, perché ci tenevo che capisse che era stato lui a strapparla alla morte, a fare la differenza. Adesso lo so: tentare di salvare quel riccio era per me come tentare di aiutare Daniele a salvare se stesso.

Nei tre giorni successivi il ragazzo seguì di ora in ora i piccoli passi della trovatella, felice per ogni suo miglioramento.

Poi, il terzo giorno, quando ormai avevamo iniziato a nutrire la piccola con la siringa e pensavamo di avere superato il peggio, accadde qualcosa che mi fece ricadere in uno stato di angoscia: sentii un olezzo nauseabondo emanare dal suo manto di aculei. Non ne parlai subito a Daniele, però quell'odore non lasciava spazio a dubbi: doveva esserci un'infezione, e doveva essere pure in stadio avanzato. Ma come era possibile?

Esaminai la riccia millimetro per millimetro, fino a che, nascosto tra gli aculei della schiena, lo vidi: un buco stretto e profondo dentro il quale tre grosse larve di mosca banchettavano indisturbate. *Dannazione, mi sono sfuggite! E adesso?* Afferrai la pinzetta e le tolsi immediatamente. Poi, dopo aver riesaminato con cura la paziente da cima a fondo, applicai la crema disinfettante sulla ferita e cominciai a pregare che non ci fossero complicazioni. L'infezione, come pensavo, era grave e profonda. Mi chiedevo con ansia se quella piccoletta, debilitata com'era, avrebbe potuto farcela.

Ma era impossibile fare previsioni, bisognava solo aspettare, avere pazienza e una buona dose di fortuna.

Fu nei difficili giorni seguenti che Daniele mi disse: «Massimo, non le abbiamo dato un nome! Come la chiamiamo?»

Lì per lì mi sentii spiazzato. «Già», risposi, «è vero!» Poi d'istinto esclamai: «Casimira! Chiamiamola Casimira!»

Non so perché, non c'è nulla e nessuno che io colleghi a quel nome, che mi uscì dalla bocca senza che me ne accorgessi.

Giorni dopo andai a controllare il significato: «Portatrice di pace». Fu come un'illuminazione. Ma certo, pensai, è proprio il nome giusto. Lei porta la pace a Daniele! Ecco perché è stato lui a trovarla: Casimira è la sua occasione di sentirsi utile, di poter dare amore a chi ne ha bisogno e così finalmente scoprire di poterne ricevere! Mi sembrava la perfetta chiusura di un cerchio, una conferma che dava senso e speranza a ciò che ogni giorno cerchiamo di fare al Centro.

Casimira, due occhi grandi, dolcissimi, proprio come quelli di Daniele.

Daniele, ferito dalla vita, bisognoso di affetto e attenzioni, proprio come Casimira.

La nostra portatrice di pace lottò per un mese intero contro l'infezione. Guariva, ma molto lentamente, e ci tenne fino alla fine con il fiato sospeso.

Daniele chiamava tutti i giorni per sapere come stava e quando veniva da noi voleva che gliela mostrassi subito. Vedere che aveva trovato il suo posto al Centro mi riempiva di gioia.

Ma purtroppo quella nel nostro ospedale era solo una parte della sua vita. Quel povero ragazzo cedeva di continuo alla tentazione di rivolgersi ai rimedi che conosceva per lenire le sofferenze dell'anima. Cominciò a chiedermi soldi, ma io, sospettando le sue intenzioni, rifiutai sempre.

Non volevo essere complice della sua dipendenza e mi arrabbiavo. «Devi avere cura di te stesso e della tua salute», gli dicevo, «o prima o poi ti ucciderai. Occuparti degli animali che soffrono può essere la strada giusta, ma devi impegnarti.» Lui ascoltava, abbassava lo sguardo e non rispondeva. E io mi sentivo impotente, inadeguato. Avrei voluto poter fare molto di più per lui; con gli animali mi era più facile.

Le settimane e i mesi passavano. A causa dell'infezione, Casimira aveva sviluppato una paresi al muscolo dorsale che le impediva di chiudersi a palla e l'aveva lasciata un po' storpia. Ma, anche grazie alle attenzioni di Daniele, piano piano si riprese.

Era lui, invece, che non riusciva a staccarsi dai suoi demoni.

Poi arrivò la pandemia. E quello probabilmente fu il colpo di grazia.

A causa del primo rigidissimo lockdown, il ragazzo non poté più frequentare il Centro. I nostri contatti si diradarono. Poi, una notte, mi scrisse un messaggio per chiedermi di nuovo dei soldi, io rifiutai seccamente e da quel momento il nostro rapporto si interruppe.

Ogni volta che prendevo in braccio Casimira, però, che la accarezzavo o le sussurravo parole dolci, era come se lo stessi facendo per Daniele; era come se tramite lei cercassi di parlare a lui, superando silenzi e distanze. Non so, forse era un modo di pregare. In una parte del mio cuore non ho mai smesso di pensare che un giorno sarebbe tornato da noi.

Purtroppo, non andò così.

Proprio mentre iniziavo a scrivere questo capitolo, ancora fiducioso in un suo possibile riavvicinamento, mi arrivò la terribile notizia. «Massimo», mi disse al telefono l'assistente sociale, «Daniele ha avuto un arresto cardiaco. Se n'è andato all'improvviso. E pensare che aveva solo ventitré anni.»

Ci rimasi malissimo, non riuscivo a farmene una ragione e mi sembrava che ogni cosa stesse perdendo senso.

In seguito l'assistente sociale mi riferì una cosa che Daniele aveva detto alla mamma: «I mesi passati all'ospedale di Massimo sono stati i migliori della mia vita, mi piacerebbe tanto tornare ad aiutarlo». Saperlo mi rincuorò un pochino.

Caro Daniele, avrei davvero voluto che il nostro incontro fosse stato per te la farfalla capace di generare meravigliosi uragani di cambiamento. Così non è stato, il destino ha scelto diversamente e a noi non è dato conoscerne le ragioni. Ma scopro adesso che non sono stato io ad aver tentato di fare qualcosa per te, sei stato tu a insegnare qualcosa a me.

Mentre la pandemia cominciava a dilagare nel mondo, «La Ninna» si stava imbarcando nell'organizzazione del grande concerto per aiutare gli animali australiani colpiti dalla devastazione degli incendi. Allora non ne ero del tutto consapevole, ma adesso, grazie a te, comincio a capire meglio cosa facciamo realmente qui. Il nostro non è solo un centro di cura per ricci, saremmo miopi se riducessimo la nostra visione a questo. «La Ninna» deve essere il paradigma, il simbolo della cura nella sua essenza, deve insegnarci a non voltare la testa quando incontriamo sofferenza e bisogno, che sia dietro la porta di casa o lontanissimo da noi. Non dobbiamo smettere di crederci: siamo fragili farfalle e con un battito d'ali possiamo cambiare il mondo.

4
Nina

Casimira vive ancora con noi. È nella stanza riservata ai ricci disabili, come amiamo definirli. Hanno gravi menomazioni fisiche, che non permetterebbero loro di tornare allo stato selvatico, ma noi assicuriamo a tutti una vita dignitosa, ce ne prendiamo cura e li circondiamo di affetto.

Gli animali lo sentono.

In quella stanza trovò presto posto un'altra riccetta. Come Casimira, anche lei ha lasciato un segno profondo nel mio cuore.

Il suo nome era Nina.

Il nostro incontro risale a una sera del giugno 2019. Ero reduce da una giornata più faticosa del solito e verso mezzanotte, sfinito, l'unica cosa che desideravo era lasciarmi andare a un sonnellino, appoggiato al tavolo da lavoro come faccio sempre.

Quando arrivò la telefonata ero già quasi addormentato.

«Buonasera», disse una voce femminile, «la chiamo perché ho letto del vostro Centro e... Io e mio marito abbiamo sentito uno stranissimo lamento, molto acuto, siamo usciti sul balcone e abbiamo capito che proveniva dal cortile del nostro condominio. Il gemito era straziante, e talmente forte che si sentiva dal terzo piano. Mio marito è sceso a vedere: c'è un animaletto che è rimasto incastrato nella chiusura del cancello automatico. Mi creda, sta letteralmente urlando.»

Rimasi impressionato, perché mentre la donna parlava riuscivo a sentire in sottofondo le grida del malcapitato. Avevo capito che si trattava di un riccio ben prima che me lo dicesse. Conosco quel verso, però non lo avevo mai sentito così forte. In genere i ricci lo emettono quando sono molto spaventati o sofferenti, somiglia al vagito di un neonato ma molto più stridulo e penetrante. Fa venire i brividi.

«Prendetelo subito e portatelo qua», la esortai, «non perdiamo tempo a parlare al telefono.»

Era una femmina. Quando me la consegnarono non urlava più, con tutta probabilità era sotto choc. La deposi sul tavolo e non appena la toccai riprese a lamentarsi. Non muoveva le zampe posteriori e compresi immediatamente che aveva la schiena fratturata. La piccola piangeva disperata. È una reazione fisica, non emotiva come verrebbe spontaneo pensare, ma i suoi occhi erano bagnati di lacrime. Cercai di mantenere la calma, ero davvero impressionato dal livello della sua sofferenza.

La cosa che mi colpì di più era il suo sguardo: era triste, aveva un'espressione come rassegnata.

La frattura interessava le vertebre lombari. Le feci subito un'iniezione di cortisone per ridurre l'edema e, subito dopo, le somministrai un analgesico per sollevarla dal dolore.

Quando mi portano un riccio ferito così gravemente lo seguo ora per ora e, malgrado tutto, non smetto mai di sperare; nel corso degli anni ho visto capitare veri e propri miracoli qui al Centro.

Durante la notte la tenni sotto stretta osservazione: piano piano sembrava stabilizzarsi e poco per volta riuscì a superare la fase critica.

Nei giorni successivi la maneggiai con tutta la delicatezza possibile, attento a non farle male o spaventarla. A causa della lesione spinale Nina non riusciva più a fare pipì, perciò dovevo aiutarla spremendole delicatamente la vescica. Ma questa non era la sola conseguenza dell'incidente: Nina non poteva più appallottolarsi e, soprattutto, aveva le zampe posteriori paralizzate. Ciononostante, continuavo a sperare in una ripresa. Anni prima un altro riccio in condizioni simili, Ralph, aveva recuperato l'uso degli arti dopo un mese di terapia; non escludevo che potesse capitare di nuovo. «Forza, piccola Nina», le dicevo, «ce la faremo, vedrai.»

Quando un animale ha un arto paralizzato, spesso dopo qualche giorno comincia a trattarlo come fosse un oggetto estraneo, un intralcio, non lo riconosce più come suo.

E dunque una mattina accadde l'inevitabile.

Fui svegliato da forti lamenti che provenivano dalla gabbia di Nina. Mi alzai di scatto e mi precipitai da lei. Vidi che si stava mordendo le zampe nel tentativo di staccarsele. Non soffriva perché erano insensibili, ma continuava a emettere quel gemito capace di spezzarmi il cuore. «No, Nina, no!» mormorai. «Non fare così!»

Le fasciai le zampette perché non si ferisse più, ma presto dovetti fare i conti con la realtà: i giorni passavano e le sue zampe lentamente si necrotizzavano. Le avrebbe perse.

Alcuni ricci hanno un carattere forte, reattivo, non si fermano davanti a niente, come Kalì per esempio, una riccetta che abbiamo ancora con noi; le sono rimaste solo le zampe anteriori, però scorrazza nel suo recinto e sprizza energia da tutti i pori.

Nina non era così, si stava lasciando andare e io faticavo ad accettarlo. Mi faceva tanta pena, passavo tutto il tempo che potevo con lei, aiutandola a mangiare e cercando di alleviare il suo malessere. Trascorsero due mesi, ma Nina continuava a peggiorare, era molto fiacca, perdeva peso e in più le venne la dissenteria.

Un giorno, mentre la stavo imboccando con la siringa, rivolse il suo musetto dolce verso di me. Mi guardò per qualche secondo con quei grandi occhi scuri. Poi tornò a guardare la siringa, poi di nuovo me e infine... fece un lungo sospiro.

Non lo dimenticherò mai: il sospiro di Nina.

Fu come una lama nell'anima. Esprimeva tutta la sua fatica, la sua rassegnazione. Nella mia carriera di veterinario non ho mai incontrato un animale capace di manifestare le emozioni come era in grado di fare la mia piccola Nina.

Decisi di cambiare terapia, ma ero dilaniato da un conflitto interiore: quanto ancora dovevo tentare di curarla?

Ero io ad avere bisogno che si salvasse, oppure davvero aveva delle possibilità?

Con il nuovo farmaco però Nina cominciò a migliorare, così, inaspettatamente. Mangiava di più, guadagnava peso, finché accadde qualcosa che mi riempì di gioia. Un giorno provai a mettere il cibo in un piattino e, con mia sorpresa, lei mangiò da sola, senza bisogno di essere imboccata. Lacrime di felicità cominciarono a rigarmi il volto, volevo gridarlo a tutti! Nina sta meglio, la mia piccola sta guarendo!

Preso dalla smania di condividere quel fatto miracoloso, feci un video di lei che mangiava da sola e lo postai sui social. In pochi giorni divenne virale.

«Hai visto?» la incoraggiavo. «Fanno tutti il tifo per te! Forza, piccola Nina, forza!»

Era un pensiero ingenuo, lo so, ma ero convinto che tutta quell'energia positiva l'avrebbe aiutata.

5
«I soliti ignoti»

QUALCHE tempo dopo postai un altro video. Questa volta la protagonista era Sora Lella, come la chiamo scherzosamente, un'altra riccia disabile con una paralisi simile a quella di Nina ma più lieve. All'inizio la portavo da un collega per svuotarle la vescica con l'ausilio di un ago cannula sotto guida ecografica. Dopo alcuni giorni, però, mi resi conto che non si poteva continuare così, le sarebbe venuta un'infezione. Tentai quindi lo svuotamento manuale, comprimendo leggermente la vescica attraverso l'addome, e quando sentii colare la pipì fui travolto dalla gioia: Lella aveva una speranza. Decisi di condividere il mio entusiasmo, feci un video e lo pubblicai subito.

Anche questo divenne virale, al punto che fu ripreso sulle pagine social de *la Repubblica* e de *La Stampa*. La cosa regalò una grande visibilità al Centro, tanto che di lì a poco fui addirittura contattato dalla trasmissione televisiva *I soliti ignoti*.

Il programma è seguito da sette milioni di persone, quindi l'impatto in termini di comunicazione sarebbe stato enorme. Avrei dovuto essere la persona più felice del mondo ma, purtroppo, non era così.

Nina infatti aveva ricominciato a peggiorare.

Era tornata ad alimentarsi soltanto con la siringa, perdeva peso e io, benché attanagliato dal dolore, presi la decisione: avrei continuato a curarla, senza però accanirmi. Le sarei semplicemente stato vicino, aiutandola a mangiare e dandole tutto il mio amore, fino all'ultimo istante.

Ma la verità è che non riuscii nemmeno a mantenere quella promessa.

Non so come accadde e credo che non me lo perdonerò mai: una mattina mi scordai per un attimo di lei.

Il Centro era affollato da ricci bisognosi di assistenza, dormivo solo qualche ora per notte ed ero stanchissimo. Verso mezzogiorno mi accorsi della mia terribile dimenticanza e, preso dal panico, mi precipitai alla sua gabbietta.

Vedere un riccio che muore è impressionante. Si irrigidisce e, nel momento del trapasso, i suoi aculei si rizzano con una specie di onda che parte dalla coda e arriva fino alla testa. Una sorta di *òla* funebre. Poi resta immobile.

È così che la trovai. Fredda e rigida sotto la sua corona di spine.

Scoppiai in lacrime.

Passai un mese in ostaggio dei sensi di colpa, occupandomi soprattutto degli altri due ricci disabili: Pipino e Sora Lella. Ero l'unico capace di fargli fare pipì e ripetevo la manovra due o tre volte al giorno. Fu un periodo durissimo, fino a quando arrivò il momento della partenza per Roma per partecipare a *I soliti ignoti*. Naturalmente non ne volevo più sapere, ma Cristina, la mia compagna, insistette perché ci andassi e così, in nome del beneficio che quell'apparizione avrebbe portato al Centro, decisi di partire. Prenotai una camera matrimoniale in un hotel, ma in realtà ci avremmo dormito in quattro: io, Cristina, Pipino e Lella. Su questo ero irremovibile, non potevo certo lasciarli per due giorni di fila senza fare pipì.

La partenza fu piuttosto complicata: salimmo sul treno con due valigie e due scatole con dentro, clandestini, i nostri piccoli amici. Continuavo a essere molto giù per Nina ma, con il senno di poi, non smetterò mai di essere grato a Cristina per avermi spinto a partire. Quel viaggio ci regalò uno stacco di cui avevamo un gran bisogno, unito a un incontro che risultò per me di grande valore. Il tutto condito da un tragicomico soggiorno in albergo.

«Mi raccomando, teneteli chiusi!» mi pregò l'albergatore.

«Certo», risposi io, «e grazie!»

Arrivati nella nostra stanza, la prima cosa che io e Cristina facemmo fu liberarli.

Ma avevamo un problema non indifferente: come fare a tenerli separati? Se avessero dovuto condividere lo spazio, i due avrebbero cominciato a litigare e a mordersi a vicenda. Adottammo una soluzione bizzarra: dopo aver tappezzato di giornali il pavimento del bagno, costruimmo una barricata di scatole, scatoline e valigie per dividerlo in due: da una parte sarebbe stata Lella e dall'altra il più vivace ed energico Pipino. Il risultato fu che per andare in bagno si doveva fare un percorso a ostacoli ed eravamo costretti a lavarci le mani con un piede in un territorio e uno nell'altro: addio soggiorno a quattro stelle!

Andammo a cena e poi a letto presto, ma prima di

coricarmi socchiusi la porta del bagno. Al povero Pipino restava la parte più piccola e volevo permettere anche a lui di sgranchirsi un po' le zampe.

Poi Cristina e io crollammo abbracciati in un sonno pesante.

La mattina seguente mi alzai ancora insonnolito e andai subito a controllare i nostri due piccoli coinquilini: Lella dormiva nella sua casetta mentre Pipino… non c'era! Guardai meglio sotto il pile che avevo messo nella sua scatola, ma niente, era sparito.

«Cristina! Abbiamo un problema», le annunciai svegliandola. «Non c'è più Pipino!»

Cominciammo a cercarlo dappertutto, sotto il letto, dentro l'armadio, dietro al frigobar. Niente! Volatilizzato!

E adesso che facciamo?

Iniziai a vestirmi, mentre mi chiedevo come avesse fatto a fuggire dalla stanza, e soprattutto come avrei potuto uscire senza averlo trovato: entro quaranta minuti dovevo essere agli studi televisivi.

Mi chinai a raccogliere un calzino e vidi il mio berretto di lana sotto il comodino. Cosa ci fa lì? pensai. Allungai la mano e le mie dita tastarono qualcosa di duro: Pipino! Ecco dove si era cacciato! Durante la notte aveva afferrato con i denti il mio cappellino, probabilmente caduto dal letto, e se lo era trascinato quatto quatto sotto il tavolino da notte, di fianco a me. Poi ci si era accoccolato e si era addormentato! Quante risate, e che sollievo!

Io e Cristina finimmo di vestirci come due fulmini e in breve fummo sul set.

Sotto i riflettori mi sentivo a disagio, dato che mi avevano appioppato un frac molto lontano dalla mia personalità ed ero truccato e pettinato come un attore degli anni Sessanta, ma partecipare fu comunque divertente e segnò un momento importante per far conoscere il Centro e la causa dei ricci al grande pubblico. E tutto grazie ai due minuti che mi avevano concesso alla fine del quiz per presentare il mio ospedale.

Ma le sorprese di quel viaggio non erano finite.

Passammo un'altra notte in albergo e la mattina dopo alle sette eravamo in stazione per rientrare a Novello. Chiamai il Centro per essere aggiornato e Barbara mi diede la tremenda notizia della morte di un piccolo riccio che avevo in tutti i modi cercato di salvare. Fui di nuovo sommerso dalla tristezza.

«Non dovevo venire», dissi sconsolato a Cristina. «Se fossi stato lì con loro forse non sarebbe successo.»

Lei cercò di tirarmi su, ma la gioia di quel weekend si era sgonfiata in un attimo, sostituita solo da pensieri cupi. Percorremmo il convoglio semivuoto alla ricerca del nostro posto fino a che, in fondo all'ultima carrozza, lo trovammo. Il vagone era deserto, se non per un uomo seduto di fianco a Cristina e di fronte a me.

Ed era l'ultima persona al mondo che avrei potuto pensare di incontrare.

6

Un incontro prezioso

Questa *faccia non mi è nuova.*

L'uomo seduto di fianco a Cristina aveva due limpidi occhi azzurri che spuntavano da sotto gli occhiali. Sul tavolino c'erano un libro, un taccuino per gli appunti e due matite. Di tanto in tanto lo vedevo interrompere la lettura per pensare e poi riprendere a scrivere.

Mi sentivo irresistibilmente attratto da quel volto. Non riuscivo a capire dove potessi averlo incontrato. Poi ebbi una folgorazione, presi lo smartphone e digitai *Mediterraneo*. Il primo link che uscì era quello che cercavo: l'opera di Gabriele Salvatores che nel 1992 vinse l'Oscar come migliore film straniero. Quella pellicola, insieme con la precedente del regista, *Marrakech Express*, era diventata un cult per la mia generazione. Di fronte a me sedeva «il Farina», Giuseppe Cederna.

Non ci potevo credere, era uno dei miei miti di gioventù! Mi ero così appassionato ai suoi film che, in un momento di grande crisi della mia vita, un amico per distrarmi mi aveva trascinato nel deserto del Marocco, ripercorrendo le tappe di *Marrakech Express*. E adesso lui era lì, davanti a me.

«Mi scusi», dissi timidamente interrompendo la sua lettura, «potrei farle una domanda?»

Lui restò un attimo immobile, poi, senza fretta, alzò la testa e disse: «La risposta è sì». E sorrise.

Quella reazione mi divertì perché corrispondeva in pieno al suo personaggio.

Entrammo subito in sintonia e chiacchierammo per gran parte del viaggio. Presto la conversazione cadde sul contenuto delle nostre scatole; io le controllavo spesso, aprendole e parlando con i ricci, e Giuseppe fu colpito dal mio atteggiamento bizzarro.

Gli raccontai de *I soliti ignoti*, di Pipino e Sora Lella. Lui parve interessato alla nostra storia, addirittura talvolta prendeva appunti sul taccuino.

Preso da un attimo di nostalgia, gli raccontai anche di Nina.

Le sue parole, pervase di una grande sensibilità, mi sollevarono lo spirito, placando i miei tormenti. Non so spiegare come accadde, quel che è certo è che alla fine di quel viaggio qualcosa in me era, se non guarito, almeno cambiato.

Poco prima di scendere Giuseppe ci invitò al suo spettacolo in programma per quella sera in un teatro di Torino. Gli rispondemmo grati che avremmo fatto il possibile per andare, ci scambiammo i numeri di telefono e ci salutammo con affetto.

Cristina e io tornammo a casa sorridenti, rinfrancati da tutto ciò che quel weekend ci aveva regalato: un po' di tempo da soli (cosa che ormai ci accadeva sempre più di rado), un'interessante esperienza in uno studio televisivo, l'incontro con Amadeus, l'aumentata visibilità per il Centro e la nascita di quella nuova amicizia con Giuseppe.

Verso sera eravamo molto stanchi e di nuovo immersi nel lavoro. Mancavano due ore allo spettacolo e Cristina era incerta se andare o meno. Ci guardammo e stavolta fui io a insistere: «Andiamo, dai! Facciamoci quest'ultimo regalo!»

E così fu.

Giuseppe sul palcoscenico è un incanto, capace di tenere il pubblico con il fiato sospeso grazie a una narrazione lieve ma coinvolgente. Trasmette una grande umanità e il suo racconto di viaggio al contempo reale e dell'anima ebbe il potere di rimettermi definitivamente in sesto. Non avrei potuto trovare modo migliore per chiudere il nostro fine settimana e tornare in qualche modo alla vita, dopo un periodo di così grande dolore come quello che aveva seguito la morte di Nina.

Finito lo spettacolo, mentre guidavo verso Novello, per la prima volta dopo molto tempo mi sentii leggero.

La notte era limpida e stellata, la donna che amo era seduta accanto a me, Pipino e Lella dormivano di nuovo nelle loro casette. Tutto mi sembrava al suo posto.

Mi scoprii a pensare che il nostro Centro è esso stesso un viaggio, un susseguirsi di relazioni, situazioni e incontri sempre capaci di sorprendermi e insegnarmi qualcosa. È impossibile escludere la sofferenza da questo percorso, ma se restiamo con il cuore aperto, disponibili e permeabili, la vita trova sempre il modo di curare anche le ferite più profonde.

7
L'albero di Solimbergo

La natura aveva dato inizio allo spettacolo dell'autunno. Ogni mattina mi soffermavo davanti alla grande finestra che illumina la scala di pietra per ammirare il panorama mozzafiato. Di fronte e sotto di me l'altalenante distesa di vigne incorniciate da boschetti tinteggiati di rosso e di giallo.

Quando dalla vallata saliva la nebbia, le sommità delle colline si trasformavano in isole fluttuanti su un mare candido ed etereo. A volte si scorgevano in lontananza solo i tetti delle case e le cime degli alberi, che prendevano le sembianze di antiche navi fantasma.

Ero felice in quella casa fiabesca che domina il cielo.

A questo proposito ho un unico rammarico: non aver acquistato anche il terreno sotto il bastione, al tempo in cui era in vendita. Non lo avrei mai disboscato, e ora avremmo davanti un parco incontaminato. Sarebbe stato un posto magnifico per rimettere i ricci in libertà e un piccolo paradiso per tutti gli animali.

In quel periodo l'attenzione del Centro si era focalizzata proprio sugli alberi e sulla scarsa considerazione che cittadini e amministrazioni pubbliche hanno nei loro confronti. Ho sempre pensato che abbattere una pianta significhi a tutti gli effetti commettere un crimine. Equivale a uccidere, perché l'albero è un essere vivente, per me tra i più intelligenti. Come teorizza Stefano Mancuso, neurobiologo vegetale di fama internazionale e grande divulgatore, ogni albero intesse con i suoi simili una trama di connessioni che gli permettono di sopravvivere anche nelle situazioni più avverse. Boschi e foreste sono fondamentali per mantenere le condizioni di abitabilità del pianeta, perché ci forniscono acqua e ossigeno, utilizzando soltanto l'energia pulita del sole. Spero davvero che giunga presto il giorno in cui questi esseri straordinari saranno protetti e rispettati da tutti, ma per arrivare a quel momento occorreranno ancora molte battaglie.

Nell'autunno 2019 la grande ondata di calore legata alla catastrofe climatica causata dall'uomo stava letteralmente mandando a fuoco il pianeta. Bruciarono enormi porzioni di foreste in Siberia, poi in Amazzonia e più tardi anche in Australia. Sulle nostre pagine social pubblicavamo spesso contenuti relativi allo scempio perpetrato ai danni delle piante, non solo quelle delle grandi foreste ma anche quelle cittadine che, purtroppo, vengono abbattute con sempre maggior accanimento.

Fu proprio questa campagna di sensibilizzazione che attirò l'attenzione di uno dei nostri follower.

Una mattina aprii la nostra pagina Facebook e vi trovai un'accorata richiesta di aiuto.

Giungeva da Solimbergo, minuscola frazione di Sequals, un comune di poco più di duecento anime ai piedi delle Dolomiti friulane. La storia che segue catapultò quel piccolo agglomerato di case al centro di una battaglia che coinvolse migliaia di persone in tutta Italia e in mezzo mondo.

L'uomo che scriveva ci raccontò di un albero, un cipresso secolare che si ergeva all'interno del piccolo cimitero ed era da sempre il guardiano delle anime lì sepolte. Da molti abitanti era ormai considerato una specie di membro della famiglia, un amico. Era il simbolo del tempo che passa, del susseguirsi delle generazioni, del dialogo silenzioso che continuiamo ad avere con chi non è più con noi.

«Vogliono buttarlo giù. Il sindaco sostiene che è instabile e ne ha già disposto l'abbattimento, ignorando la nostra richiesta di risparmiarlo. Stamani ho visto le impalcature allestite per il taglio e mi sono allarmato. Aiutateci, quell'albero è molto importante per noi.»

Rimasi qualche secondo a osservare il monitor. Poi scattai.

Chiamai l'uomo che mi aveva scritto per farmi raccontare la vicenda nei dettagli. Mi spiegò che il sindaco aveva indetto una raccolta firme con la quale chiedeva il consenso per la rimozione del cipresso perché lo riteneva pericolante. Ma la perizia, effettuata da un agronomo di sua conoscenza, era basata solo sull'esame visivo dell'albero e non poteva essere considerata determinante. In realtà, agli occhi di tutti la pianta sembrava godere di ottima salute.

Per questo motivo, alcuni abitanti del paese si erano attivati e avevano raccolto a loro volta un elevato numero di firme per chiederne la salvaguardia. Ma a frenare il desiderio di azione pesava un certo timore nei confronti del primo cittadino, per via del suo carattere autoritario e intransigente.

Il più audace di tutti era stato il nostro follower, che non appena aveva visto il ponteggio attorno al cipresso si era preoccupato e ci aveva contattati.

Chiamai Cristina, le spiegai la questione e insieme concordammo di organizzare immediatamente un mail-bombing.

Feci una diretta Facebook per cercare di sensibilizzare il nostro pubblico. «Quell'albero è il simbolo della natura violata», dissi, «dobbiamo far sentire la nostra voce! Se saremo uniti potremo salvarlo, non dobbiamo rimanere inerti di fronte a un'ingiustizia come questa.» Parlai a ruota libera, cercando di dar voce alla rabbia e al dispiacere che provavo, poi conclusi con un sentito appello: «Scriviamo tutti un'e-mail al sindaco! Bombardiamogli la casella di posta elettronica!»

Il risultato fu sorprendente: a partire da quel giorno, migliaia di e-mail cominciarono a bersagliare il Comune di Solimbergo. Arrivarono addirittura messaggi dal Messico, dalle Filippine e da altre parti del globo.

Mi sentivo come un generale al comando delle sue truppe: la grande armata dei ricci era scesa in campo! La battaglia di Solimbergo, tanto pacifica quanto risoluta, era in nome dei diritti della natura e di tutti gli esseri viventi.

Mentre il sindaco si ritrovava a dover fronteggiare un gruppo ben più numeroso di avversari, gli abitanti del paese si autotassarono e chiamarono uno dei massimi esperti del settore, l'agronomo Andrea Maroè, perché facesse una controperizia, questa volta con l'aiuto di adeguate strumentazioni tecniche.

Alla fine l'albero non venne dichiarato sano... ma sanissimo! Secondo Maroè non c'erano ragioni per giustificare l'abbattimento.

Un'ondata di esultanza percorse il popolo dei ricci e quello di Solimbergo. L'esperto organizzò un incontro con la giunta, che però, tra lo stupore di tutti, non andò come previsto. Per motivi tuttora ignoti, il sindaco non volle sentire ragioni: perizia o no, l'albero sarebbe stato abbattuto.

Maroè sbatté i documenti sul tavolo, si allontanò adirato dalla sala riunioni e giurò che non sarebbe finita lì.

«Abbiamo ancora una carta da giocare», mi disse quando lo chiamai. «Possiamo fare richiesta di inserire la pianta nella lista degli alberi monumentali. Diventerebbe protetta e nessuno potrebbe più staccarle una foglia. C'è una cosa, però: il cipresso deve resistere finché in Comune non arriverà la raccomandata che attesta l'inizio dell'iter.»

Chiamai subito il nostro amico di Solimbergo. «Bisogna organizzare delle ronde per sorvegliare il cipresso giorno e notte», gli spiegai in tono concitato.

«Lo stiamo già facendo», mi rassicurò lui.

«Mi raccomando, fate in modo che quell'albero non rimanga un minuto da solo!» lo pregai.

Non perdemmo tempo. Feci altre dirette Facebook, ma determinante fu l'intervento di Cristina. «Lanciamo una petizione su change.org», propose, «allarghiamo il fronte della battaglia.»

In men che non si dica l'appello era online e io feci subito un'altra diretta con toni marziali. «Questa è la battaglia di Solimbergo! Stalin disse al suo popolo: 'Non un passo indietro!' e io lo ripeto a voi: non un passo indietro!»

Fu un appello delirante, lo ammetto, ma raggiunse l'obiettivo: in poche ore ottenemmo migliaia di firme e nelle linee nemiche si aprì una breccia. Il sindaco iniziò a dare segni di nervosismo e di cedimento.

La soluzione della vicenda era però ancora lontana.

Due giorni dopo il nostro amico mi richiamò agitatissimo, quasi non riusciva a parlare. «Mi hanno mandato un controllo dell'ASL, presto i veterinari verranno a verificare lo stato dei miei animali, il cavallo e la capra che tengo in un recinto di fronte a casa. Ho paura che me li portino via», balbettò. «Qualcuno vuole vendicarsi di me per la questione dell'albero», concluse.

«Non hai nulla da temere, sei una persona onesta e tieni molto ai tuoi animali, vedrai che non ti faranno nulla», lo rassicurai.

«Temo anche che qualcuno voglia far loro del male per ritorsione. Sai, sono camionista e spesso mi tocca allontanarmi da casa per lavoro. Io vivo da solo.»

Trovai altre parole per confortarlo, anche se dentro di me si stava insinuando una certa inquietudine.

Passarono i giorni e finalmente arrivò un'altra chiamata, ma stavolta il tono era diverso. «Sono venuti i veterinari e mi hanno detto che il mio allevamento è perfettamente in regola, anzi, mi hanno fatto i complimenti. Avevi ragione tu!»

Tirai un sospiro di sollievo. Un problema in meno da risolvere!

La domenica seguente ci fu la svolta: il fuoristrada di Maroè fu avvistato sotto il municipio di Sequals.

Nessuno saprà mai le vere ragioni, cosa accadde in quella riunione e nella testa del sindaco: sta di fatto che qualche tempo dopo arrivò via raccomandata la richiesta per inserire la pianta nella lista degli alberi monumentali e le impalcature furono smantellate.

Avevamo vinto!

Sembrava fosse passato un anno, invece era successo tutto in due settimane. Avevamo compiuto una grande impresa grazie al coinvolgimento e alla passione di tante persone.

Ero convinto di aver raggiunto il massimo, ma mi sbagliavo. Non potevo sapere che era ancora nulla in confronto a quanto avremmo affrontato di lì a poco.

8
«Singing for Australia»

Il Doomsday Clock, o Orologio dell'Apocalisse, è un orologio metaforico ideato dagli scienziati del *Bulletin of the Atomic Scientists* – una rivista non tecnica che tratta di temi legati alla sicurezza globale e alla politica pubblica –, che simboleggia il conto alla rovescia di una potenziale catastrofe globale. La mezzanotte rappresenta l'ora dell'ipotetica fine del mondo. Le lancette vengono riposizionate ogni anno e indicano il tempo di vita che resta al genere umano.

Il loro spostamento è condizionato dai pericoli derivati dal riscaldamento globale, dall'inquinamento, dalla corsa agli armamenti nucleari e dalla situazione geopolitica mondiale. La massima vicinanza alla mezzanotte è stata raggiunta nel 2020, con appena cento secondi dall'Apocalisse.

Stiamo distruggendo il pianeta, e quell'orologio è lì a ricordarcelo.

* * *

«Massimo... Massimo! Stai dormendo?»

«Eh? Che c'è? Che ore sono?» risposi con una voce da oltretomba.

«Le cinque del mattino», sussurrò Cristina.

«Qualcosa non va?»

«Ho rimuginato tutta la notte su quel video. Le immagini del koala ustionato...»

Mi tirai su, appoggiandomi al gomito. «Quello degli incendi in Australia?»

«Sì», confermò lei. «Quella povera bestia si lamentava dal dolore e intanto cercava riparo tra i cespugli in fiamme... Mi ha spezzato il cuore.»

«Già», risposi.

«E poi quella donna... si è lanciata nel fuoco per soccorrerlo e lo ha preso in braccio.»

«Il piccoletto le stava aggrappato al collo come un bimbo alla mamma», descrissi come se avessi la scena davanti agli occhi. «Mi ha fatto tenerezza quando gli ha dato da bere con la bottiglia e gli ha versato l'acqua sulle ustioni per lenire il dolore.»

«Quanta dolcezza in quei gesti», sospirò Cristina, e restammo per un po' in silenzio.

«È assurdo», esclamai infine io, «laggiù sta bruciando un'area di foresta grande quanto il Nord Italia e sembra che non freghi niente a nessuno. Tutte quelle distese di alberi carbonizzati, gli animali sopravvissuti che si aggirano disperati in mezzo al nulla. In meno di un mese è morto un miliardo di animali. Ti rendi conto? Un miliardo!»

«Infatti», disse lei. «Che tristezza... e che rabbia, se penso che è tutta colpa nostra.»

Chiusi gli occhi, le immagini viste la sera precedente

ancora impresse nella mente. Cristina ha ragione, pensai, quello che stiamo facendo è mostruoso, sono gli effetti del riscaldamento globale: le temperature aumentano e il pianeta brucia. Non ci accorgiamo che, giorno dopo giorno, stiamo distruggendo quanto di più prezioso abbiamo: la natura. Acqua, aria, clima e cibo dipendono da lei, dalla Madre Terra, e noi, come figli ingrati, la stiamo lentamente uccidendo. Mentre rimuginavo su questi pensieri il sonno si stava impadronendo di me, ma Cristina si tirò di nuovo su a sedere. «Ho deciso di fare qualcosa», mi comunicò risoluta.

«Cosa?» chiesi con un filo di voce.

«Voglio fare una donazione per aiutare a soccorrere gli animali feriti.»

«Ah, sì?» risposi. «Io faccio un'altra cosa.»

«E cioè?»

«Mi giro dall'altra parte e dormo ancora un po', il sonno porta consiglio», conclusi sbadigliando.

Un paio d'ore dopo, ormai completamente sveglio, fui io a chiamare Cristina: «Nini, stai dormendo?»

«No, non ci riesco...»

«Lo vedi?» dissi. «È sempre colpa tua.»

Lei mi guardò sgranando gli occhi. «Cosa è colpa mia?»

«Il fatto che adesso... ci tocca organizzare un concerto.»

Cristina balzò a sedere sul letto. «Come?»

«Non vorrai mica che tutte quelle povere creature rimangano abbandonate a se stesse!» cominciai. «I centri di recupero australiani hanno bisogno di aiuto; te l'immagini quanti animali in difficoltà ci saranno? I sopravvissuti hanno perso tutto: cibo, acqua, habitat, compagni. Qui non si tratta più di soccorrere una decina di koala, ma migliaia.

Hai idea di cosa significhi curare un animale ustionato? Ricordi quanto tempo è servito per far guarire Romina, la riccia che era arrivata tutta bruciata perché un contadino aveva dato fuoco al cumulo di foglie in cui aveva fatto il nido? Ci sono voluti mesi e mesi di creme e terapie.»

Cristina mi guardò attonita. «E quando vorresti farlo questo concerto?»

«Prima possibile», risposi. «Dobbiamo iniziare subito a organizzarlo. Siamo a metà gennaio, un mese basterà. Gli animali feriti non possono aspettare.»

Cristina mi fissò per un po', cercando di capire se dicevo sul serio. «Mi sembra una follia», sentenziò infine, «ma ci sto. Sono con te, come sempre.» E fece un sorriso smagliante per rafforzare la sua convinzione.

Fu così che iniziò la grande avventura del concerto «Singing for Australia».

Sulle prime, l'idea fu accolta con una certa preoccupazione dai volontari del Centro: temevano che l'operazione avrebbe sottratto donazioni e tempo prezioso ai ricci, eppure io sentivo che era la cosa giusta da fare. «Vedrete», insistevo, «il concerto non solo porterà aiuti in Australia, ma attirerà anche l'attenzione dei media su una situazione catastrofica che, per quanto lontana, in realtà ci riguarda tutti. Inoltre, farà guadagnare tanta visibilità a 'La Ninna'.»

Alla fine, sapendo che quando mi metto in testa una cosa vado avanti fino in fondo, se ne fecero una ragione. Dopotutto era per un'ottima causa: salvare molte vite in pericolo.

Mi misi subito in contatto con una cara amica, Carlotta, assessore alla Cultura di Alba. Grazie a lei ottenemmo il patrocinio del Comune e una data, il 23 febbraio. Da quel momento iniziò una corsa contro il tempo. Avevamo meno di quaranta giorni per organizzare tutto: autorizzazioni, vigili del fuoco, pubblicità, sponsor, assistenza in sala, megaschermo per le immagini e, soprattutto, bisognava trovare i musicisti! Fu quella la parte più difficile. Speravo di coinvolgere alcuni cantanti famosi per attirare il pubblico, ma dopo una serie di tentativi dovetti ammettere con me stesso che non era fattibile.

Da quel fallimento trassi però una considerazione positiva: non avevo bisogno di volti noti ma di artisti che mettessero il cuore in quella causa.

E alla fine li trovai.

Fu ancora Carlotta ad aiutarmi, consigliandomi il direttore d'orchestra Paolo Paglia. «È una persona di grande passione e intelletto, oltre che un'anima generosa, vedrai che ti aiuterà», mi assicurò.

Lo chiamai la sera stessa e parlammo fino a tarda notte. Ne nacque una bella amicizia. La frase *fare del bene fa bene* divenne il motto della nostra crociata.

Paolo portò con sé l'orchestra d'archi Vitriol, composta da professionisti di gran livello e appassionati, e il coro La La-Guys, un gruppo locale molto apprezzato. La ciliegina sulla torta fu la partecipazione della soprano Olga Angelillo, con la quale da tempo mi ero ripromesso di organizzare un concerto di beneficenza. Ci eravamo conosciuti grazie ai ricci: lei è maestra elementare a Rho e un paio di anni prima avevamo organizzato una diretta per mostrare i miei piccoli pazienti ai suoi allievi.

Anche Cristina diede il suo contributo e ci regalò un tocco di musica aborigena grazie al suo amico Manuel Tappa, magico suonatore di didgeridoo.

Al nostro gruppo si unirono i ragazzi di «Wild Life Protection», un'associazione di adolescenti piemontesi determinati a tutelare la natura, con il compito di condurre la diretta streaming sui canali social.

Su mia richiesta, Paolo e Dunia, speaker di Radio Deejay, acconsentirono a presentare la serata, e anche i volontari de «La Ninna» risposero in massa alla chiamata. Ci fu un incredibile dispiegamento di forze per realizzare il progetto.

Infine, si unì a noi il mio caro amico Ezio.

Anni prima avevo fatto una vacanza proprio in Australia con lui, sua moglie Daniela e l'amica Pia. Era stato un viaggio dell'anima, all'insegna della profonda amicizia che ci legava e della comune passione per la natura. Purtroppo non avemmo più modo di fare esperienze così intense insieme, perché sia Daniela sia Pia lottavano contro un male incurabile e ci lasciarono non molto tempo dopo.

«Massimo», mi disse Ezio quando lo informai dell'iniziativa, «sai che giorno è il 23 febbraio?»

«No», risposi io spiazzato, «non lo so.»

«Il compleanno di Daniela, sarebbe il suo...» e si interruppe per la commozione.

«Oh, ma questo è un segno del destino!» esclamai. «Devi assolutamente essere dei nostri!»

Non ci pensò nemmeno un istante: «Sì, certo, ti aiuterò! Daniela e Pia si sono sempre impegnate per i più bisognosi e di sicuro sarebbero felici di dare una mano agli animali dell'Australia».

Ezio era presidente del Rotary Club di Alba, e quando lui e i suoi amici si schierarono al nostro fianco per noi fu un grande incoraggiamento.

La strada da fare era però ancora tutta in salita.

A sole due settimane dall'evento, infatti, feci un'amara constatazione: sui seicento posti disponibili in sala, avevamo venduto appena trenta biglietti.

Fu una piccola batosta. Lo sconforto iniziò a serpeggiare nel gruppo, ma io non mi persi d'animo. Organizzai una serie di dirette Facebook per la promozione dell'evento e fu proprio durante una di queste che ebbi la folgorazione. Una signora, in un commento, ci scrisse: «Io non potrò venire al concerto, ma acquisto volentieri l'ingresso e ve lo regalo».

Sobbalzai sulla sedia. «Ma certo! Ecco la soluzione: lanceremo l'iniziativa del biglietto sospeso, proprio come il caffè nei bar di Napoli! Chiunque, da ogni parte d'Italia, potrà comprare un posto e donarlo alle persone in difficoltà: anziani delle case di riposo, disabili e bisognosi della nostra zona. La solidarietà nella solidarietà! Aiuteremo l'Australia e al tempo stesso consentiremo a tanti sfortunati di passare una serata piacevole.»

L'idea mi entusiasmò e si rivelò vincente: in brevissimo tempo vendemmo quasi tutti i biglietti.

I giochi sembravano fatti, finalmente tutto filava liscio.

Ma non avevo fatto i conti con un ostacolo ben più arduo di quello economico: una minuscola entità che avrebbe creato enormi problemi, non solo a noi.

Quell'avversario, sebbene microscopico, era molto

potente e mentre scrivo questo libro lo stiamo ancora combattendo: si chiama Covid-19.

I numeri dei contagi in Europa crescevano di ora in ora, la paura dilagava, erano stati registrati i primi casi anche in Italia. Si scatenò il panico: vennero chiuse le scuole, si cominciò a discutere di zone rosse e isolamento delle regioni, si insisteva sulla necessità di impedire assembramenti.

E cominciarono ad arrivare le disdette. Prima poche, poi sempre di più. La tensione era palpabile: le persone, spaventate, ritiravano la prenotazione, fino a che, la mattina del concerto, arrivò la mazzata finale.

«Massimo, la giunta comunale si è riunita oggi», mi scrisse Carlotta, «mi dispiace moltissimo ma aspettiamo una direttiva dalla Regione, che forse ci obbligherà a sospendere l'evento.»

Mi crollò il mondo addosso.

Dopo quella corsa sfrenata, le interminabili riunioni, gli sforzi fatti per trovare il pubblico; dopo aver preso accordi con le cooperative sociali, le case di riposo e le comunità per disabili a cui regalare i biglietti; dopo aver preparato i video, mobilitato artisti, musicisti, tecnici, vigili del fuoco, volontari... Non potevano darci una notizia del genere, in quello stesso istante erano in corso le prove in teatro. No, non lo avrei permesso!

Nel pomeriggio mi precipitai in Comune furioso. Urlai e arrivai a picchiare i pugni sulla scrivania del sindaco. Ma non servì a niente.

«Il concerto», disse, «non si può fare.»

9

Una lotta contro il destino

ALLE sei del pomeriggio nel foyer del teatro era tutto pronto: la biglietteria, i banchetti con i materiali informativi, i programmi di sala.

Adesso come faccio a dirlo a tutti?

Andai alla toilette. Lo specchio mostrava il mio volto tirato: ampie occhiaie scure, mascelle contratte. Mi lasciai andare alla frustrazione e sulle guance cominciarono a scorrere lacrime di rabbia.

Attesi un attimo per ricompormi, poi entrai in sala. Il grande schermo per le immagini e i video, le sedie per l'orchestra disposte a ferro di cavallo attorno alla postazione del didgeridoo, i leggii per gli spartiti, il piccolo podio di Paolo, ogni cosa era pronta. C'era un'atmosfera gioiosa, tutti erano indaffarati nei preparativi, l'eccitazione era palpabile. Quando videro la mia espressione, però, si immobilizzarono. Li radunai attorno a me e, affranto, diedi loro la tremenda notizia.

Per un po' regnò il silenzio. Negli occhi di tutti leggevo il mio stesso choc. Non sapevamo cosa fare o dire. Era come se ancora, nonostante l'evidenza, nessuno volesse rinunciare.

A un certo punto uno dei ragazzi di «Wild Life Protection» alzò la mano. «Facciamolo lo stesso», disse. «A porte chiuse. Facciamo solo la diretta streaming. Andiamo avanti.»

Fu come se avesse dato voce al sentimento di tutti, come se ci avesse fornito una seconda possibilità, una luce di speranza. Prima di esultare chiamai Carlotta e lei, dopo essersi consultata con il sindaco, ci diede l'autorizzazione.

Ci fu un'esplosione di entusiasmo e il teatro si rianimò. Era tutto un gran fermento: chi scaldava la voce, chi ripassava la scaletta, i ragazzi di «Wild Life» provavano le proiezioni e settavano le piattaforme streaming. All'ultimo momento Paolo e Dunia dovettero rinunciare, temendo che sarebbero stati vietati gli spostamenti fra le regioni, allora decidemmo che li avremmo sostituiti Ezio, Cristina e io.

Ricordo un fatto che mi colpì e mi diede molta forza. Poco prima dell'inizio del concerto, una signora bussò alla porta a vetri del foyer e mi disse: «Siamo venuti dalla Liguria, ora rientriamo, ma seguiremo la vostra diretta dalla macchina durante il viaggio. Avete davvero organizzato una grande cosa. Grazie!»

Le sue parole mi fecero capire che quella sera non saremmo stati soli. Con noi c'erano le migliaia di persone che ci seguivano sui social, oltre a quelle che avevano comprato i biglietti sospesi e quelle che erano state coinvolte dalla catena della solidarietà.

Poi tornai sul palco per cominciare.

Si fece silenzio. Ciascuno raggiunse la propria postazione, la sala sparì nell'oscurità e lo spettacolo iniziò.

Per primo attaccò Manuel. Una lama di luce lo partorì dal buio, mentre sul grande schermo scorrevano in dissolvenza le immagini della natura australiana. Il suono basso e roboante del suo didgeridoo riecheggiò nel petto di tutti, trasportandoci in ere primordiali, in paesaggi incontaminati, al tempo in cui la natura era vergine e l'uomo viveva ancora in armonia con quello che lo circondava.

Poi intervenne Olga con la sua voce cristallina, dalle note altissime, quasi intonasse il canto di un angelo. Fu emozione allo stato puro: mentre la ascoltavo da dietro le quinte, sentii finalmente qualcosa sciogliersi in me e mi invase una profonda commozione. Piansi nel buio, un pianto dolce, di gioia e gratitudine nei confronti di tutti quelli che avevano contribuito a realizzare quel sogno. Pensai anche a Daniela, a Pia e a mia madre. Mi assalì una fitta di nostalgia. *Mamma, quanto vorrei che tu fossi qui a condividere con me la bellezza di questi istanti.* Mi sporsi un po' per osservare la sala e la immaginai seduta là in mezzo, avvolta nel buio e incantata ad ascoltare la voce celestiale di Olga che toccava le corde più intime dell'anima.

L'orchestra d'archi di Paolo suonò un repertorio misto, da Ennio Morricone a brani della tradizione aborigena australiana, mentre le immagini degli animali e della devastazione scorrevano alle spalle dei musicisti. Ci ricordavano il perché di quella serata, il senso di quell'unione in nome della salvaguardia del nostro pianeta e dei suoi fragili abitanti.

Non eravamo soli, quella sala non era vuota, tutt'altro. I ragazzi di «Wild Life», che curavano la diretta, mi informavano ogni cinque minuti: «Massimo, ci seguono in mille! Adesso sono tremila! Massimo, siamo quasi a diecimila!»

Sentivo l'energia di tutte quelle persone. Mi sembrava fossero lì con noi, molte di più di quante quella sala potesse contenerne.

Per un musicista suonare di fronte a una platea vuota è la cosa peggiore al mondo, ma quella sera accadde qualcosa di incredibile e unico, difficile da descrivere a parole. Eravamo tutti lì, uniti per fare qualcosa di concreto: sostenere i quattro centri di recupero degli animali selvatici ai quali avremmo inviato i fondi, che in quelle stesse ore si stavano battendo dall'altra parte del mondo per salvare vite preziose. Ma quella, come disse nel suo discorso Stefano, il fondatore di «Wild Life Protection», è solo l'altra parte del nostro mondo. Dovremmo smettere di considerarci superiori e pensarci invece come una parte di esso, al pari di ogni altra creatura vivente.

«Dobbiamo risvegliare le coscienze», esortai durante il mio discorso di chiusura, «la natura ci chiede di tenderle la mano e vorrei che questa serata fosse un monito a non voltarci dall'altra parte. Il contrario dell'amore non è l'odio ma l'indifferenza, come afferma lo scrittore americano Elie Wiesel, e allora vorrei che stasera noi tornassimo a casa con il desiderio di aprire il nostro cuore, di riscoprire il valore della compassione, e ci convincessimo che qualcosa di concreto si può fare per il bene di tutti, dagli esseri umani fino alla più piccola forma di vita. Dobbiamo porre fine all'indifferenza, dobbiamo agire, sporcarci le mani, in nome del rispetto che il nostro pianeta merita.»

Fu una serata indimenticabile, in cui combattemmo

contro il destino avverso e vincemmo. E il risultato ci fu davvero: raccogliemmo più di 30.000 euro, una cifra che andava ben oltre ogni nostra aspettativa.

Due giorni dopo, rientrando dal giardino della casa di mamma, feci un rapido calcolo mentale e rimasi esterrefatto. Chiamai Cristina, che tanto mi aveva aiutato e sostenuto in quella folle impresa. «Ciao Nini», le dissi, «ho fatto una stima. Con i soldi raccolti abbiamo salvato, laggiù, almeno quattrocento animali. Fantastico, non trovi?»

10
Pandemia

La provinciale era deserta. Le immagini della campagna immobile e silenziosa scorrevano fuori dal finestrino. Fin dove arrivava lo sguardo non si vedeva segno di vita: niente auto in movimento, nessuno che correva ai bordi della strada, niente cani al guinzaglio sulle sterrate di fianco ai canali d'irrigazione. Di tanto in tanto, al passaggio della mia auto, una cornacchia si alzava in volo per perlustrare l'erba alta dei campi non falciati da giorni.

Solitudine e ancora solitudine, quel paesaggio sembrava il fotogramma di un film post apocalittico.

Nel periodo in cui mia madre era ricoverata all'ospedale di Fossano avevo percorso decine di volte quella strada, ma non l'avevo mai vista così. Superavo paesi fantasma che parevano congelati nel tempo: serrande chiuse si alternavano a vetrine buie con la scritta SALDI ancora in mostra sulle superfici non lavate. Sui muri erano appese locandine con titoli di spettacoli con la data di un mese prima. A ogni incrocio, i semafori lampeggianti indicavano che non c'era più alcun traffico da governare.

E lenzuola bianche appese a balconi e finestre, con la scritta ANDRÀ TUTTO BENE in lettere colorate, a testimoniare che in realtà stava andando tutto male.

Era la mia prima uscita da quando era stato proclamato il primo severissimo lockdown e tutti, costretti a rimanere a casa, avevano visto la propria vita cambiare.

Durante il tragitto accostai a bordo strada, in mezzo alle colline. Spensi il motore, scesi dalla macchina e osservai quel nuovo mondo che mi circondava. I colori della natura erano vividi, brillanti. Il profilo delle Langhe pareva disegnato dalla mano di un pittore con la passione per i dettagli. L'aria era limpida, il cielo azzurro, terso fino all'orizzonte. Guarda, mi sorpresi a pensare, non c'è nemmeno la scia di un aereo.

Tutto attorno a me era quiete.

Non riuscivo a non sentire, accanto alla preoccupazione per la dolorosa situazione che l'intero pianeta stava attraversando, anche una specie di piacere e uno strano senso di liberazione.

Tante volte mi ero chiesto come sarebbe stato il mondo senza gli umani, e in quel momento in un certo senso mi era concesso di vederlo.

In realtà, restare chiuso tra le mura domestiche non rappresenta un grosso problema per me, sono abituato a lunghi periodi di «clausura» per via del grande impegno che il Centro richiede. I lattanti vanno alimentati ogni due o tre ore, notte compresa, le terapie sono lunghe e richiedono precisione, la pulizia delle gabbie non può essere trascurata.

Anzi, paradossalmente il lockdown invertì la tendenza: se prima infatti erano le persone a portare i ricci da noi, in quel periodo ero io a recarmi sul posto quando ci giungeva una segnalazione. Era proprio ciò che stavo facendo quel pomeriggio di marzo.

Due giorni prima mi era arrivato un messaggio che, preso dalle numerose incombenze, avevo purtroppo dimenticato di aprire.

Solo quella mattina mi ero ricordato di leggerlo: «Io e mio marito abbiamo trovato un riccio, se ne sta appallottolato sul prato del giardino, forse è in letargo. Secondo lei che cosa dobbiamo fare?»

Fui preso dall'ansia. La signora non sapeva che i ricci non vanno in letargo in mezzo a un prato, ma si costruiscono un nido al riparo da possibili pericoli e predatori. Quel povero animale aveva di certo un problema. Ed erano già passati due giorni.

La richiamai all'istante, scusandomi per non essermi fatto vivo prima, e lei mi disse che alla fine avevano messo il riccio in una cesta sotto il portico; dato che continuava a non muoversi, ormai pensavano che fosse morto.

«No, non è detto», risposi. «Portatelo in casa e mettetegli vicino una bottiglia d'acqua calda avvolta in un panno. Se per caso dà segni di vita chiamatemi, verrò subito da voi.»

Nel pomeriggio squillò il telefono. «Ci sembra che si sia mosso», mi informò la signora, «forse è ancora vivo.»

«Bene!» esclamai. «Parto subito.»

La coppia abitava a Sant'Albano Stura, a una mezz'ora d'auto dal Centro. Mi presentai munito di tutte le protezioni: guanti di gomma, mascherina FFP3 e visiera. Era il mio primo intervento in tempo di pandemia e mi fece uno strano effetto: nessuna stretta di mano, mantenimento della distanza tra le persone e quella sensazione di imbarazzo, quasi timore, che aleggiava ogni volta che si incontrava qualcuno.

Mi portarono dal riccio. Era una femmina e giaceva immobile nella cesta.

Mi chinai su di lei per cercare di cogliere il minimo segno di vita. La osservai in silenzio per almeno tre minuti, mentre marito e moglie, in piedi di fianco a me, si torcevano le mani senza parlare. Finalmente vidi un piccolo movimento del torace. «Sì», dissi sollevato, «respira, è ancora viva.»

Capii che andava reidratata. Avevo portato con me la cassetta con il materiale di primo intervento e le somministrai subito una flebo tiepida. «Faremo il possibile per salvarla», assicurai ai due quando ebbi finito. «Grazie di avermi chiamato.»

Presi la cesta, la misi in macchina e ripartii, procedendo lentamente per non sballottarla nelle curve. Ero molto preoccupato, la riccia mi sembrava davvero in condizioni critiche. Mi fermavo spesso per controllarla e notai che a poco a poco il respiro migliorava. La cosa mi diede coraggio e speranza. «Ce la faremo», le dicevo mentre guidavo, «tieni duro, ci siamo quasi.»

Quando arrivai erano le nove di sera e ad aspettarmi c'era solo Sonia. Avevamo sospeso la collaborazione con tutti i volontari e mantenuto solo le nostre quattro dipendenti fisse: Sonia, Barbara, Chiara e Arianna, che facevano turni separati per limitare i contatti, mentre le volontarie storiche Patrizia e Monica si occupavano da casa della comunicazione. Cristina stessa, che abita distante, veniva solo per questioni urgenti. Inoltre, seguivamo tutti le regole: disinfettare ogni cosa, lavare le mani di frequente, mantenere le distanze e, ovviamente, utilizzare sempre la mascherina.

Deposi la cesta con la riccetta sul tavolo della sala degenze. Era immobile, sembrava un cencio. Mi chiesi se avrebbe visto l'indomani.

La chiamai Maxima.

Poi mi preparai ad assisterla tutta la notte.

11
Maxima

Le feci un'altra flebo tiepida, le misi vicino una borsa d'acqua calda e infine le avvicinai la cannula dell'ossigeno.

Sì, lo so, sembra strano: somministrare l'ossigeno a un animale così piccolo non è certo semplice, ma il principio è identico a quello utilizzato per curare le persone. Non è possibile usare mascherine, certo, e nemmeno caschi o respiratori automatici; si prende solo un tubicino che funge da erogatore e lo si posiziona davanti al muso del piccolo paziente. Di solito lo fissiamo con una molletta a un asciugamano per evitare che si sposti a causa del movimento del riccio, ma nel caso di Maxima non ne ebbi bisogno perché era ancora immobile.

Mentre sistemavo la cannula mi sentii privilegiato. I nostri ospedali denunciavano la mancanza di respiratori nelle terapie intensive, mentre io potevo somministrarle il prezioso gas senza problemi. «Sei fortunata, piccolina», le dissi, «vedrai che presto starai meglio.»

In realtà ero molto preoccupato. Mi alzavo di continuo per controllarla. Per fortuna il suo respiro migliorava di ora in ora e la mattina dopo tornò quasi normale. Le tolsi l'ossigeno e cominciai a pensare che forse ce l'avrebbe fatta, anche se non avevo ancora capito da quale patologia potesse essere affetta.

Feci colazione leggendo sul tablet il solito macabro bollettino di cifre e statistiche: numero di morti, di ricoverati e di contagiati. Era impossibile restare immuni al senso di preoccupazione e angoscia che attanagliava il Paese.

Vennero giorni duri.

Io e le ragazze eravamo molto in ansia per il futuro. La nostra prima preoccupazione era non ammalarci; se fosse accaduto, il Centro sarebbe stato messo in quarantena, e a quel punto chi si sarebbe preso cura degli oltre centotrenta ricci che dipendevano in tutto e per tutto da noi? Adottavamo ogni genere di precauzione, ma questo ci avrebbe davvero messo al riparo da possibili contagi? Più che essere inquieto per la mia salute, sentivo il peso della responsabilità nei confronti dei miei assistiti e l'idea di lasciarli senza le cure adeguate mi angosciava: molti di loro non ce l'avrebbero mai fatta. Il mio pensiero andava soprattutto ai disabili, i più bisognosi delle nostre attenzioni.

«Mi raccomando», dicevo durante le nostre riunioni online, «non dobbiamo ammalarci. Cerchiamo di tutelare la nostra salute per il nostro bene e per quello dei ricci.»

Le ragazze annuivano ed eravamo tutti d'accordo sull'importanza di non prendere sottogamba la questione dei contagi, ma questa non era la sola preoccupazione. C'era un altro problema, potenzialmente più grosso e determinante: la sopravvivenza stessa del Centro. Avremmo ancora avuto le risorse per far fronte all'acquisto del cibo e dei medicinali necessari ai nostri piccoli ospiti?

«La Ninna» vive esclusivamente grazie alle donazioni. Non abbiamo mai avuto alcuna forma di finanziamento pubblico, il che dimostra due cose: la prima, che mi dà forza e speranza, è che esistono migliaia di persone che hanno a cuore la salute degli animali; la seconda è che, se dovessero cessare gli aiuti, per il Centro sarebbe la fine.

E quell'ipotesi, considerata la situazione, era sempre più concreta.

Chiudevano bar, ristoranti, negozi. Lo smart working trasformava in zone morte luoghi che fino ad allora avevano vissuto sull'afflusso dei lavoratori. I tanti in cassa integrazione si chiedevano se sarebbero mai tornati al lavoro. Il senso di precarietà dilagava. Vedere al supermercato le persone che infilavano decine di confezioni di pasta in carrelli traboccanti di ogni genere di alimenti mi dava la netta percezione di quanto ormai fosse la paura a governare i comportamenti.

Non mi sarei stupito di veder crollare le donazioni da un giorno all'altro.

Naturalmente comprendevo bene la drammatica situazione in cui tutti noi ci trovavamo, ma allo stesso tempo il senso di responsabilità e l'amore per gli animali ospitati al Centro mi obbligavano a pormi alcune domande: cosa sarebbe accaduto se nessuno fosse più stato disposto a sostenerci? Come avrebbe fatto «La Ninna» a tirare avanti?

Eravamo tutti spaventati, percepivo il pessimismo e la frustrazione che serpeggiavano e non sapevo cosa fare.

* * *

Intanto Maxima migliorava.

Aveva ricominciato a muoversi un pochino e una mattina vidi che mordicchiava la punta della siringa con cui la stavo nutrendo. Era un segno di vitalità.

«Significa che sta reagendo», dissi alle mie collaboratrici e poi, ancora non so se per lo sconforto o per una sorta di ispirazione, mi venne l'istinto di attaccarmi alla sua voglia di vivere. «Dobbiamo prendere esempio da lei! Non preoccupatevi, in qualche modo faremo!»

In quei giorni feci analisi più approfondite e scoprii che Maxima soffriva di una massiccia parassitosi. Iniziai subito una terapia che diede presto i primi frutti. Cercavo di coinvolgere tutti nel suo percorso di guarigione e in breve Maxima divenne la mascotte del Centro. Inconsciamente ci attaccammo tutti a lei e alla sua resilienza: mentre il mondo andava giù, lei andava su, era sempre più in forze, fino a che una sera cominciò a mangiare da sola.

Che gioia immensa!

Proprio come lei, non dovevamo abbatterci ma combattere, fare di più, concentrarci sui nostri progetti e non lasciarci prendere dallo sconforto.

Diedi il via a una lunga serie di dirette sui social. Mostravo le nostre attività e le cure che somministravamo ai ricci. Soprattutto, parlavo di Maxima. A ogni video la tenevo con me mentre mangiava, ripercorrevo la sua storia, condividevo le mie preoccupazioni quando qualcosa non andava. Furono giorni di grande comunicazione con l'esterno, più di quanta ne avessimo mai avuta.

Ripensandoci ora, capisco che la nostra forma di reazione a quel grave momento fu di aprirci agli altri, raccontare, raccontarci. E il risultato fu sorprendente. Le donazioni non calarono, anzi: le persone continuarono a sostenerci, fosse anche con pochi euro, ma questo ci dimostrava che non eravamo soli.

Chissà, forse i nostri ricci rappresentavano un momento di distrazione dalla tragedia. Una nostra follower ci scrisse: «Guardarvi mi fa star bene. Attendo sempre la vostra diretta come una manna dal cielo».

Tutti i giorni documentavo felice i progressi di Maxima ed erano sempre in tanti ad ascoltarmi. Probabilmente la sua storia infondeva speranza, o perlomeno regalava un minimo di leggerezza, che in quella situazione era più preziosa dell'oro. Molti iniziarono a scriverci chiedendoci di lei: «Come sta Maxima?» «Ha mangiato?» «Ha fatto pipì?»

È buffo, quella riccetta, da trovatella che era, ormai aveva un sacco di mamme e papà sparsi per l'Italia.

Ci volle molto tempo, ma alla fine Maxima guarì.

Io e le ragazze eravamo felici, avevamo ritrovato fiducia e slancio. Sebbene in mezzo alla tempesta, sapevamo di poter ancora navigare e che non eravamo soli.

Il lockdown fu per noi un'occasione straordinaria per tirare fuori il carattere, per lottare, resistere e soprattutto credere in noi stessi. Sentivo che nel momento in cui tutto sembrava andare male bisognava remare più forte e controcorrente per portare la nostra arca verso la salvezza. Mi dicevo di continuo che non dovevamo arrenderci per nessun motivo. La vita di tante creature indifese dipendeva da noi.

E fu anche una prova del destino, un modo per fortificarci e prepararci ad affrontare l'ennesima battaglia a favore degli animali, forse la più grande di tutte, quella del salvataggio di Kasya.

12
Un pianto nella notte

Era la notte tra il 4 e il 5 aprile. Francesca, un'amica di Arezzo, mi girò un video postato sulla pagina dell'associazione animalista «YouCare France».

Le immagini riprendevano la vasca di un delfinario. L'enorme sala che la ospitava era illuminata dalla fioca luce di qualche lampada al neon, che le conferiva un aspetto surreale.

Solo, a bordo vasca, di fronte alla tribuna deserta, c'era un delfino. Se ne stava immobile a pelo d'acqua e sembrava galleggiare inerte. Si sarebbe detto morto, o quanto meno finto, se non fosse stato per il suo lamento. A intervalli regolari emetteva una serie di fischi acuti, che riecheggiavano spettrali e strazianti fra le file di poltrone vuote. L'animale continuava a gemere, senza nessuno che lo ascoltasse.

Vederlo fu un colpo al cuore, era l'immagine stessa della solitudine.

Chi era quel delfino? Perché piangeva così? Cosa gli era successo?

Come unica descrizione del video c'era un link che rimandava a una petizione. Lo aprii e lessi:

SALVIAMO KASYA

Cinque anni fa Kasya, una delfina della specie Bottlenose, è stata catturata nel suo ambiente naturale, il Mar Nero. Tenuta prigioniera nel delfinario della Milad Tower a Teheran, Kasya era in compagnia di un'altra sua simile, Alpha, con la quale si esibiva in spettacoli giornalieri.

A gennaio 2020 l'Ufficio per la protezione ambientale di Teheran ha visitato la struttura e ha trovato Alpha morta nel bacino.

Da quel momento Kasya è rimasta immobile, isolata e ha perso ogni gioia di vivere. Numerosi video sui social hanno condiviso e diffuso le sue grida di dolore e disperazione.

È quindi fondamentale che Kasya venga rilasciata e torni prima possibile nel suo ambiente naturale. I responsabili del delfinario, interrogati in merito, si sono detti pronti a liberare la delfina in Russia, ma purtroppo tutti i confini sono chiusi per impedire la diffusione del Covid-19.

Tuttavia l'ambasciata russa afferma di trovarsi nell'impossibilità di trasportarla, poiché pare sia in attesa di una risposta dal proprietario dell'animale.

Questa situazione deve essere sbloccata prima possibile per il benessere e anzi la sopravvivenza stessa della delfina. Con questa petizione vogliamo fare pressione sul governo russo, sul governo iraniano e sul proprietario dell'animale, in modo che si possa trovare una rapida soluzione!

Rimasi turbato da quanto avevo appena letto e visto. Spensi il computer, ma quelle immagini si erano impresse nella mia mente in modo indelebile. Non chiusi occhio per il resto della notte, continuavo a pensare a quella delfina strappata a forza dal suo ambiente naturale e oltretutto costretta a vivere in uno stato di abbandono dopo la morte della sua compagna.

Decisi che volevo saperne di più. Tornai sul video e inviai un'e-mail all'associazione che lo aveva divulgato, «YouCare France».

Poco dopo fui ricontattato da uno dei fondatori, Thomas, che mi spiegò la questione nei dettagli. Le associazioni che si stavano occupando del trasferimento della delfina erano la «Karadag Biostation», in Crimea, sulla costa del Mar Nero, e l'«Orcinus Center», un piccolo gruppo di volontari russi che si batte per la salvaguardia di delfini e orche. Scoprii anche che il delfinario di Teheran dove Kasya viveva, il Dolphin Center della Milad Tower, era stato chiuso al pubblico due mesi prima per via del Covid. Thomas non sapeva se qualcuno si stesse ancora occupando di lei e questa era la cosa che mi dava più pensiero. Com'erano le sue condizioni fisiche? Aveva cibo, cure, attenzioni?

Decisi di fare subito un post sui nostri canali social.

Solo dopo diedi un'occhiata alla pagina Instagram della «Karadag Biostation». Facendo scorrere le foto, ne notai una che ritraeva Kasya con un uomo ripreso di spalle. Andai a leggere il testo sotto l'immagine: c'era scritto che un veterinario si stava occupando di lei. Questo mi tranquillizzò, ma volli approfondire le ricerche. Avevo deciso di darmi da fare, però mi servivano più informazioni e non avevo idea di come reperirle.

Scrissi sulla pagina Instagram della «Karadag Biostation» e la risposta mi insospettì.

Un certo Alex, al termine di un'e-mail di poche righe laconiche, mi faceva una richiesta: «Abbiamo finito i fondi, puoi aiutarci?»

Quella domanda così esplicita mi lasciò perplesso. Ero pronto a contribuire, però prima di muovermi volevo verificare che si trattasse di una situazione reale e non di una truffa sul web, di quelle che fanno presa sul lato emotivo delle persone.

Nell'e-mail di Alex c'era anche il suo contatto telefonico, così lo chiamai. Mi rispose immediatamente ma non riuscimmo a comunicare, poiché parlava soltanto russo. Verso la fine della chiamata, però, intesi una parola: *money*. Chiedeva proprio soldi.

Quando riattaccai non sapevo cosa pensare. Nella petizione non si faceva menzione di una raccolta fondi, mentre in realtà sembrava il problema principale, e questo accrebbe la mia diffidenza. Che fosse davvero tutta una montatura? Di certo non bastava un'e-mail di poche righe per fugare i miei dubbi; volevo parlare con qualcuno, ma come comunicare con quegli sconosciuti dall'altra parte del mondo?

Ne discussi con Cristina e le volontarie del Centro e fu proprio una di loro, Lucy, a propormi la soluzione.

Due occhi azzurri tanto vividi da non sembrare veri, lunghi capelli rossi, un atteggiamento al tempo stesso positivo e riflessivo, Lucy è per me una cara amica, una consigliera fidata.

«La mia insegnante di danza», mi disse, «si chiama Natasha ed è di madrelingua russa. Se vuoi posso chiederle di farci da interprete.»

Farla parlare direttamente con Alex mi sembrò una buona idea.

Natasha telefonò subito al ragazzo e poi mi disse che le era sembrato una persona seria. Ci riferì che i soldi servivano per costruire una piscina di quarantena presso la «Karadag Biostation», dove ospitare Kasya per un certo periodo prima di iniziare il processo di riabilitazione che le avrebbe permesso di tornare libera in mare. Alex le aveva spiegato che il veterinario che seguiva la delfina, un certo Ivan Zatsepilov, anche lui russo, era rimasto al delfinario ormai dismesso, nonostante l'ambasciata del loro Paese gli avesse fornito un volo per farlo tornare a casa. Fui profondamente colpito dal comportamento virtuoso, quasi eroico, di quell'uomo che per stare accanto a Kasya aveva sfidato lo spettro della pandemia. Decisi che dovevo parlare con lui al più presto.

Cercai di nuovo nella pagina Instagram della «Karadag Biostation» e in quella di Alex, ma incappai in qualcosa che infittì i miei sospetti: gli estremi per le donazioni indicavano conti correnti riconducibili a persone fisiche. Nessun riferimento ad associazioni. Ma come? pensai. Devo mandare soldi su un conto personale? La cosa mi puzzava non poco.

In quei giorni scoprii anche un altro fatto strano: la pagina Facebook «Tursiopi liberi», che si occupa dei delfini sfruttati per il divertimento umano, aveva già pubblicato il video di Kasya a gennaio. Perché dunque la «Karadag Biostation» aveva rilanciato la notizia dopo tre mesi? Temevo che la stessero usando per avviare una raccolta fondi fasulla. L'ipotesi che qualcuno stesse cercando di strumentalizzare quella storia a fini di lucro si faceva sempre più concreta, tuttavia decisi di non gettare la spugna poiché la delfina mi stava già tanto a cuore.

Scrissi di nuovo ad Alex chiedendogli spiegazioni. Lui mi disse che a gennaio il proprietario di Kasya avrebbe voluto venderla, ma la «Karadag Biostation» non aveva fondi per comprarla. Messo sotto pressione dai social media, si era finalmente deciso a restituirle la libertà, quindi loro avevano rispolverato il vecchio video.

Le sue parole mi tranquillizzarono un po', ma per quel che ne sapevo poteva comunque essere un'invenzione; inoltre, non avevo ancora risolto il mistero dei conti correnti personali.

Visitai il sito dell'«Orcinus Center» e con grande sorpresa non trovai nemmeno un cenno sulla vicenda di Kasya. Ci risiamo, pensai, com'è possibile? Ripiombai nell'incertezza.

Trovai il contatto di una certa Sophia e le feci una videochiamata. Anche con lei la conversazione si rivelò piuttosto difficoltosa, ma perlomeno la vidi in faccia e questo mi diede un po' di fiducia. Continuammo lo scambio tramite messaggi su WhatsApp e le chiesi spiegazioni a proposito degli IBAN personali. Mi rispose che «Orcinus Center» e «Karadag Biostation» erano associazioni molto piccole e né lei né Alex potevano permettersi di avere due conti. Si erano quindi assunti personalmente il compito di reperire i fondi, documentando tutto sulla pagina dell'«Orcinus Center» con l'estratto conto delle donazioni ricevute. Il fatto che fosse tutto scritto in cirillico mi aveva impedito di collegarli a Kasya.

Mi convinse.

Le dissi che volevo davvero tentare di aiutarli, ma che prima avrei voluto parlare con il veterinario di Kasya. La sua replica fu sbrigativa: «Ivan non conosce bene l'inglese», mi scrisse, «è difficile parlare con lui, anche perché la connessione alla Milad Tower è pessima. Se vuoi, puoi provare a mandargli un messaggio». E mi diede il numero.

Rimasi interdetto. Mi sembrava incredibile non poterci parlare. Siamo nel 2020, pensai, com'è possibile che non si riesca ad aggirare un problema di ricezione in una città come Teheran?

Quella storia mi sembrava sempre più strana.

13
Come Sherlock Holmes

Il mattino seguente composi il numero di Ivan, ma non ottenni risposta. Scrissi anche all'ambasciata russa e al dipartimento dell'Ambiente iraniano.

Dopo alcune ore, spazientito, provai a mandare un SMS: «Ciao Ivan, sono Massimo, un veterinario italiano. Come sta Kasya?» Poi partii con l'interrogatorio: «Sai che stanno chiedendo soldi per la costruzione di una piscina? La raccolta fondi è sicura? Secondo te è sensato mandare la delfina alla 'Karadag Biostation'? Sono affidabili? Conosci un certo Alex Vasiliev? Che persona è Sophia dell''Orcinus Center'? A quanto ammonta la somma da raccogliere? Scusa se ti tempesto di domande, ma prima di inviare denaro vorrei essere sicuro che vada a buon fine».

Passò un giorno e Ivan non rispose.

Ero sempre più preoccupato e ossessionato dal pensiero di quella povera delfina, ma al tempo stesso non riuscivo a fidarmi dei miei interlocutori.

Mi venne in mente allora di provare a chiedere aiuto a un amico esperto di informatica. Volevo verificare l'autenticità delle pagine social e dei siti che avevo visitato. Ero smanioso di sapere a chi appartenessero veramente.

Dopo un'accurata ricerca, arrivò la risposta. «La pagina della 'Karadag Biostation' è piccola», disse il mio amico, «sembra appena nata, messa su ad hoc. Quella dell''Orcinus Center' invece è su una piattaforma provvisoria, pare più di facciata che altro. La pagina del delfinario di Teheran, dove si trova Kasya, in realtà è di un tale Homayon qualcosa. Esiste il sito vero e proprio della Milad Tower, ma non ci sono post recenti su Kasya. Massimo, il tutto è quantomeno strano.»

Il mistero si infittiva. Chi era questo Homayon? Perché la pagina del delfinario era collegata a lui? Erano già quattro giorni che, come una specie di Sherlock Holmes, cercavo di districarmi in quella vicenda e iniziavo a non poterne più dalla frustrazione e dalla tensione.

Poi arrivò una notifica sul mio smartphone: era la risposta di Ivan.

«Buongiorno Massimo, grazie. Scusa il ritardo nella risposta, purtroppo qui la connessione è scarsa. È tutto vero, esiste un progetto per la realizzazione della piscina di quarantena. Sarà una vasca con impianto di riscaldamento, perché qui Kasya vive a 20-22 gradi, mentre nel Mar Nero in questo periodo l'acqua ha una temperatura di circa 11 gradi. Per lei uno sbalzo termico così grande sarebbe davvero pericoloso.» Poi aggiunse una sorta di equazione: «Corpo indebolito dallo stress causato dalla solitudine + stress del trasporto + acqua fredda = enormi problemi, perfino una polmonite fatale».

Iniziammo un lungo scambio di SMS in cui lui cercava

di rispondere con il suo inglese approssimativo alle mie domande inquisitorie.

«Ma Kasya come sta adesso? È in grado di sopportare un volo?»

«Sì, ora è stabile e può essere trasportata. Il proprietario la lascia andare senza chiedere denaro, ma dobbiamo spostarla il più presto possibile perché altrimenti potrebbe morire di solitudine. Se vuoi aiutarla, te ne sono grato. Conosco personalmente le persone di cui chiedi, sono oneste, puoi fidarti.»

«Perché nella pagina dell'"Orcinus Center' non ci sono riferimenti a Kasya?»

«Loro forniscono solo assistenza burocratica e tecnica nei casi di traffico illegale di delfini. La cattura di Kasya risale a diversi anni fa, è una notizia vecchia.»

«Noi abbiamo molti follower, possiamo iniziare una raccolta fondi. Per favore, mi mandi una tua foto con Kasya?»

Per un paio di minuti non ricevetti messaggi, poi finalmente udii di nuovo il suono della notifica. «No, non voglio essere fotografato. Posso mandarti una foto di Kasya, ma io non voglio comparire.»

«Perché?»

«Non voglio apparire nelle foto. È una specie di superstizione.»

Quella frase mi insospettì. Cambiai discorso. «Ma tu da quanto tempo sei lì con lei?»

«Sto con Kasya da quando l'hanno catturata, ovvero da nove anni.»

«Nella petizione è scritto che è stata catturata nel Mar Nero cinque anni fa, non capisco.»

«No, nove anni fa. Ed è stata portata alla 'Karadag Biostation', dove lavoravo. È rimasta lì quattro anni a fare spettacoli con altri delfini.»

«Come sarebbe, scusa? Non è il luogo scelto per la riabilitazione?»

«A quel tempo la 'Karadag Biostation' era gestita da persone diverse, affaristi. Quando hanno venduto Kasya io l'ho seguita qui. Adesso ha una nuova gestione che mira alla liberazione dei delfini.»

«Ok, faremo il possibile per lei», scrissi. «Tu sei davvero un eroe.»

Ivan mi rispose con una frase che non dimenticherò mai: «Grazie Massimo, ma gli eroi sono quelli che vogliono aiutarla. Per me è diverso: Kasya è la mia famiglia».

Provai un brivido lungo la schiena.

Kasya era per Ivan quello che la piccola Ninna era stata per me.

«La mia famiglia», aveva scritto. Nessun imbroglione avrebbe potuto inventarselo. Quelle parole improvvisamente ci unirono.

Per il tempo in cui aveva vissuto con me, anche Ninna era stata la mia famiglia. Gli raccontai tutta la mia storia, di come comprendessi il suo legame con Kasya e conclusi dicendogli che lo avremmo aiutato, dando il via a una raccolta fondi.

Quando posai il telefono, però, ripiombai nell'incertezza.

Da una parte provavo ammirazione per quell'uomo che stava sacrificando la propria esistenza per salvare la delfina, dall'altra sospettavo di lui. Perché non voleva farsi vedere? Che cosa aveva da nascondere? Aveva forse paura di qualcuno o di qualcosa? Chi era davvero?

Nonostante tutte queste perplessità, decisi che valeva la pena di rischiare e mi misi subito al lavoro.

Il mio post di qualche giorno prima aveva già suscitato un grande interesse, e così fu anche per il lancio della raccolta fondi. Ma poi, il 10 aprile, un nostro follower mi mise in guardia: «Siamo sicuri che non sia tutta una fregatura?»

Non ero l'unico a nutrire dubbi.

Avevo già donato una somma cospicua dal mio conto personale, ma non ero preoccupato per me, quanto piuttosto per chi mi avrebbe seguito. Se avessi coinvolto qualcun altro in un raggiro non me lo sarei mai perdonato.

Scrissi a Ivan: «Abbi pazienza, possiamo fare una videochiamata su WhatsApp per vedere Kasya? Per favore, ho bisogno di sapere che esistete davvero, che siete reali».

Lui non rispose. Passò un'ora, poi ne passò un'altra: niente. Ecco, mi dicevo, non risponde perché non può fare nessuna diretta. La verità è che non è lì con Kasya, per questo non vuole farsi fotografare, mi sta prendendo in giro.

Passò anche la terza ora senza che Ivan mi desse un cenno.

Ero deluso e disperato. Mi ero innamorato di quella delfina e già vedevo quell'amore appena nato scivolare via come sabbia tra le dita. In preda alla frustrazione, gettai il telefono sul tavolo e in quello stesso istante il display si illuminò. Era il messaggio di Ivan: «Eccomi, Massimo, sono pronto per la videochiamata».

Fui invaso da un'enorme gioia. Presi il cellulare e mi

misi subito in contatto con lui. Anche se la qualità delle immagini era pessima, ciò che vidi mi emozionò: una mano rovesciava una secchiata d'acqua in bocca a un delfino. L'animale se ne stava lì a farsi quella specie di doccia, e sembrava divertirsi molto. Poi si girò e nuotò velocemente verso il centro della piscina.

Ivan non si fece vedere: c'era solo quella mano che compariva nell'inquadratura, niente più.

Quando conclusi la telefonata mi sentivo felice e soddisfatto, ma la sensazione durò poco. Fui assalito da un altro dubbio: saranno davvero alla Milad Tower? Le riprese erano molto disturbate e soprattutto mute. Mancava del tutto l'audio! Che abbia ripreso con il cellulare le immagini di un delfino qualunque su internet? mi domandai. Poteva sembrare pura paranoia, ma quello che avevo visto non mi lasciava tranquillo.

Trovai una scusa e scrissi a Ivan pregandolo di fare subito un'altra videochiamata. Quello che non gli dissi è che stavolta avrei chiesto a Chiara, una mia dipendente, di riprendere lo schermo con il suo cellulare. Avrei poi confrontato il video con le fotografie della pagina Instagram della Milad Tower: se avessi trovato riscontro non avrei più avuto dubbi.

Ivan accettò e cominciammo subito.

Gli chiesi di inquadrare l'interno della struttura. Ricordavo nelle foto una parete dipinta con delfini che saltavano e un arcobaleno sullo sfondo. Se l'avessi vista in diretta avrei avuto la certezza che Ivan e Kasya erano davvero insieme alla Milad Tower. Ivan fece una panoramica, era il momento della verità. Parete per parete inquadrò tutto il delfinario... ma non vidi nulla.

Fui di nuovo preso dallo sconforto.

«Grazie mille, Ivan», mi congedai dissimulando il mio stato d'animo.

Appena riattaccai presi il cellulare di Chiara e controllai il video fotogramma per fotogramma. La delusione aumentava a ogni inquadratura, poi, proprio all'ultimo secondo, lo vidi: un angolo del pannello dipinto.

Era lì, ripreso solo per un istante, ma non c'erano dubbi: era la stessa decorazione delle foto, la prova definitiva che Kasya e Ivan esistevano davvero ed erano a Teheran.

Tirai un sospiro di sollievo; finalmente potevo concentrarmi sull'unica cosa importante: aiutare la delfina.

14
Musetta

Il giorno seguente mi resi conto che, completamente assorbito dalla ricerca su Kasya, avevo accumulato molto lavoro. Soprattutto, dovevo recarmi in quella che nel corso degli anni è diventata una piccola sede distaccata del Centro: il giardino della casa di mia madre, che in suo onore chiamo «La Franchina».

Andarci mi suscita sempre emozioni e ricordi. Quando sono lì mi sento vicino a mamma, mi sembra di condividere con lei la mia quotidianità, la mia passione per i ricci. È per me un luogo dell'anima e della memoria. Marco, un volontario esperto falegname, vi ha costruito una serie di recinti di legno con tanto di copertura per la pioggia e sono felice che i miei piccoli amici possano passare un po' di tempo in quell'oasi di quiete prima di essere liberati.

La vecchia casa colonica si trova a circa venti chilometri da Novello. Mio cugino Francesco, che abita proprio lì di fronte, si occupa di dare il cibo agli animali e di controllare che stiano bene.

Parcheggiai nella stradina sterrata di fronte al cancello

e, appena entrato, sostai qualche secondo sul pavé del giardino. Ovunque erano i segni della primavera in arrivo. Sul lato destro, il filare di rose tanto amate da mia madre era già pieno di boccioli pronti a schiudersi. A sinistra e di fronte i recinti per i ricci, ognuno con cespugli, erba verde e una casetta di legno come riparo. Assieme al roseto, incorniciano un bel prato verde dove crescono alcuni alberi da frutto, i cui rami erano già pieni di nuove foglioline e presto sarebbero stati carichi di fiori colorati.

Girai intorno alla casa fino a giungere sul retro, dove c'è una zona incolta. Quello che vidi mi lasciò incantato. In poco tempo era cresciuto un grande biancospino selvatico; una nuvola di fiori bianchi ne ricopriva la chioma e riempiva l'aria con il suo delicato profumo. Mi fermai a lungo a osservarlo. Là, proprio sotto tutto quel candore, era custodita una storia importante accaduta qualche mese prima, in una fredda giornata di gennaio.

Per un'incredibile coincidenza o forse per un segno del destino, si erano rotti tutti e due i freezer de «La Ninna». Può sembrare un fatto da niente ma non lo è, perché i centri come il nostro utilizzano grandi congelatori per custodire i corpi degli animali in attesa di essere smaltiti.

I ricci, date le loro piccole dimensioni, possono essere seppelliti in natura e io tengo molto a questo rituale, che è un modo per riconoscere la loro dignità ma richiede tempo e attenzioni. In quel periodo, il meteo e le condizioni del terreno ci avevano impedito di farlo, così nei congelatori c'erano parecchi ricci.

Quella mattina Sonia mi aveva svegliato trafelata. «Massimo, Massimo, vieni subito a vedere!» mi aveva detto. «Assurdo! Sia il freezer in magazzino che quello in cucina si sono guastati. Devi assolutamente trovare un posto per seppellire i ricci.»

Erano bastate quelle poche frasi brusche per risvegliarmi dal torpore del sonno e sbattermi in faccia la nuda realtà: avevo solo qualche ora per dire addio a tutti i miei piccoli amici.

«Come posso fare?» avevo chiesto confuso.

«Il giardino della casa di tua madre», aveva suggerito Sonia decisa. «Devi chiedere a Francesco di scavare subito una fossa.»

Non ero per niente convinto. La casa di mamma era lontana e io desideravo avere i ricci accanto a me. Il piccolo cimitero sotto l'ulivo nel giardino del Centro era ormai affollato da tempo. Dato che non c'era verso di far ripartire neppure uno dei due congelatori, ero stato costretto a chiamare Francesco per spiegargli la situazione. Poi avevo iniziato a sistemare i corpi.

Non era stato facile, non lo è mai. Da sempre l'attaccamento alle mie creature, la tendenza a umanizzarle troppo, è un mio punto debole. Li avevo presi a uno a uno così com'erano, avvolti nei loro pile, e li avevo deposti delicatamente in uno scatolone, fino a che, ultima, avevo trovato Musetta. E mi ero fermato.

«No, lei no», avevo sussurrato. Poi mi ero diretto verso il frigorifero della sala degenze per deporla nel piccolo congelatore. *Almeno Musetta…*

Non riuscivo ad accettare l'idea di separarmi anche da lei. Aveva significato tanto per me. Ero tornato in magazzino a prendere lo scatolone da caricare in macchina; ripassando davanti al frigo mi ero fermato e avevo deciso di prendere anche Musetta. Mi costava, ma sapevo che era la cosa giusta da fare.

Sonia, che capiva la mia sofferenza, con voce dolce ma ferma mi aveva incoraggiato: «Bravo, Massimo. Devi lasciarla andare. Stamattina c'è stata una scossa di terremoto: la terra l'ha richiamata a sé».

Aveva ragione, certo, eppure...

La verità è che erano già passati sei mesi e non mi ero ancora perdonato la morte di Musetta. Avevo riposto quel ricordo in un cassetto ben chiuso dentro di me, che quella mattina, con i freezer guasti, si era riaperto da solo.

Questa è la storia di Musetta.

Cinque anni fa la portarono da noi gravemente mutilata da un decespugliatore. Le mancavano gran parte del muso e un occhio. Nessuno al Centro pensava che ce l'avrebbe fatta, ma lei era una riccetta tenace e combattiva, così avvenne il miracolo. Guarì, però dovevo aiutarla a mangiare due o tre volte al giorno, e per ogni pasto ci voleva un'ora almeno. Ho fatto il conto, abbiamo passato insieme più di tremila ore di pappe.

La sua grave menomazione non le avrebbe mai permesso di tornare a vivere in natura, tuttavia era sempre vivace e attiva. Forse per questo era così amata da tutti.

Poi però vennero le infezioni al muso. Mi accorsi che peggiorava perché i cicli di cura erano sempre più ravvicinati, fino a che arrivò il momento fatale.

Quella notte le somministrai l'unico antibiotico che ancora funzionava e Musetta ebbe una grave reazione allergica. Collassò, iniziò a vomitare e a respirare male.

Preso dall'angoscia, corsi in sala degenze e avviai la macchina dell'ossigeno. Quando vomitava la mettevo inclinata perché non soffocasse; la tenni in braccio, seduto sul pavimento, per cinque ore di fila, senza mai muovermi di lì. Con una mano reggevo il tubicino dell'ossigeno e con l'altra la accarezzavo mentre le parlavo.

Venne l'alba. Avevo il corpo anchilosato e dovevo alzarmi per andare a controllare un altro riccio in attesa di cure. Mentre stavo per mettere Musetta nella scatola con il suo pile, ebbe un arresto cardiaco. Morì tra le mie braccia.

Rimasi impietrito. Non riuscivo a capacitarmi di quanto era appena accaduto. Caddi in una profonda depressione. Forse, mi dicevo, non avrei dovuto somministrarle quella dose di antibiotico. L'avevo fatto e adesso lei non c'era più. Non riuscivo a perdonarmelo.

Quando muore un riccio, lo lascio sempre per un giorno nella sua gabbia. È un modo per accompagnarlo, per stargli accanto ancora un po', ma con lei impiegai due giorni a decidermi. Non lo accettavo, non ce la facevo proprio a lasciarla andare. Alla fine, con il cuore a pezzi, la misi nel freezer e con lei chiusi là dentro anche quel dolore così intimo e profondo.

Fino al giorno in cui i congelatori si ruppero e dovetti portare i ricci a casa di mia madre.

Quando arrivai, chiesi a Francesco di lasciarmi solo.

Raggiunsi la fossa sotto il biancospino, che al momento era solo un basso cespuglio, e mi sedetti con lo scatolone dei ricci a fianco. C'era un'atmosfera come sospesa nel tempo. Il cinguettio degli uccellini era l'unico suono percepibile e sui rami degli alberi e delle rose si vedevano le nuove gemme. Dentro l'inverno c'è già la primavera, pensai, il ciclo della vita.

Presi lentamente i piccoli corpi avvolti nei loro sudari e cominciai a liberarli dai pile e a sistemarli nella fossa. Li salutai a uno a uno, li accarezzai, li abbracciai. Ognuno di loro era un pezzo di vita, un'emozione, un ricordo: Cip, la nostra simpatica riccetta africana; Tina, la piccola con problemi neurologici; il povero Lionel, senza zampe, anche lui morto per una reazione allergica; Ditina, la riccetta nata senza arti posteriori; l'amata Nina, con le sue zampette fasciate; e tutti gli altri... Una sequenza di immagini, affetti, sensazioni e storie di vita vissuta.

Per ultima lasciai Musetta.

Me la appoggiai sotto il mento, nell'incavo del collo, come facevo sempre quando era viva. *Ti tenevo nel palmo della mano e ti cingevo così. Sentivo i tuoi aculei che mi pungevano quando sulle prime scattavi, ma poi, a poco a poco, ti rilassavi e ti assopivi. Dopo un po' ti mettevi pure a russare! Che buffa eri, piccola mia. Ti addormentavi beata. Significa che ti fidavi, vero? Potevi abbandonarti, tra le mie mani.*

«Ora con queste stesse mani ti restituisco alla natura, cara Musetta», dissi piano, poi la adagiai sul fondo della grande fossa con gli altri.

Fu una giornata dolorosa e al contempo dolce.

Quando, due mesi dopo, vidi il biancospino in fiore, tutto mi tornò in mente come una fitta di memoria. Restai per un bel po' fermo là, dietro la casa, in bilico tra due mondi. Siete in quei fiori bianchi, pensai, qui tra le braccia di mia madre. Vi immagino liberi, a scorrazzare in prati e cespugli che non ci è dato vedere, ma so che ovunque voi siate posso ancora sentirvi parte di me e della mia vita.

15
Una piscina per Kasya

HOMAYON Reza Shahbazkia. Ecco chi era il fantomatico proprietario di Kasya!

Avevo patito anche per ottenere quest'ultima informazione, ma alla fine c'ero riuscito. Incrociando le poche notizie ricavate a fatica da Ivan con quelle reperite su un profilo personale di Facebook collegato alla pagina del delfinario, mi trovai di fronte a quel nome e soprattutto a una storia.

Homayon Reza era un veterinario turco e cinque anni prima aveva affittato gli spazi della Milad Tower, dove faceva esibire Kasya, Alpha e tre leoni marini. Dopo la chiusura del delfinario, invece di vendere Kasya aveva deciso di restituirle la libertà, spinto anche dall'enorme pressione mediatica delle migliaia di persone che in Iran si erano affezionate a lei. Il ruolo di quell'uomo era essenziale, dato che doveva occuparsi del certificato CITES, necessario per il trasferimento della delfina all'estero. I documenti tardavano ad arrivare perché c'era un problema a monte: Kasya non aveva il microchip e dunque non era in regola. Come avrebbe potuto esserlo, dal momento che era stata catturata e trasportata illegalmente in Iran?

Non era una questione da poco e l'unico che poteva risolverla era il proprietario dell'animale.

«Quando saranno pronti i documenti?» chiesi preoccupato a Sophia e Ivan. «Come facciamo a partire con la costruzione della vasca a Karadag se non abbiamo la certezza che Kasya possa lasciare Teheran?»

Loro risposero che presto il ministero dell'Ambiente avrebbe concesso i permessi necessari, aggiungendo che il cantiere della piscina era già avviato.

Andai di nuovo a cercare sulla pagina Instagram dei volontari russi e trovai un post che annunciava l'inizio dei lavori. Nelle foto si vedeva un'officina fatiscente con quattro pali arrugginiti appoggiati a un muro, null'altro. Ero perplesso, sembrava tutto molto precario e incerto, tanto che tornai a domandarmi se si trattasse di un imbroglio.

Chiesi che mi mostrassero il progetto della vasca.

Fu un ingegnere di Sebastopoli, ideatore della struttura, a mandarmelo. Era una piscina esterna circolare che sarebbe dovuta sorgere a meno di trenta metri dal mare, per facilitare il pompaggio diretto di acqua marina. Per proteggerla dalle intemperie era previsto un tendone sostenuto da una complessa impalcatura a cupola.

Andai a controllare su Google Earth che l'area di Karadag esistesse e che le foto del post corrispondessero all'immagine satellitare. Feci delle misurazioni, ma i conti non mi tornavano.

«Il sito per la piscina mi sembra davvero piccolo», dissi a Sophia, «siete sicuri che possa ospitarla?»

Lei mi assicurò che lo spazio era sufficiente.

Per nulla appagato dalla sua risposta, attivai Google Street per osservare la zona nei dettagli. Ciò che apparve fu deprimente: una piccola area incolta a ridosso di una spiaggia, ecco cos'era il sito della vasca di quarantena.

Che fare a quel punto? Ormai la raccolta fondi era iniziata e bisognava spedire il denaro per pagare i lavori; la situazione era inquietante. Per quanto i ragazzi russi cercassero di rassicurarmi, continuavo a non essere convinto. Decisi quindi di procedere con cautela, mandando i soldi poco per volta. In cambio, pretesi l'invio giornaliero di foto e video a testimonianza dello stato di avanzamento dei lavori. In quel modo, per loro fingere sarebbe stato impossibile e io non avrei rischiato di sprecare le donazioni.

«Karadag Biostation» e «Orcinus Center» erano associazioni nate di recente ed essendo poco conosciute non godevano certo della visibilità e del credito che invece avevamo noi. Mai come in quel periodo mi resi conto di quanto preziosa e non scontata fosse la fiducia che nel corso degli anni ci eravamo conquistati. Realizzai anche che è difficile districarsi tra la marea di informazioni che oggigiorno girano sui social e capire quando ci si trova davanti a cattive intenzioni, soprattutto se non si hanno prove tangibili né riscontri di un buon operato nel passato. Di fatto, quei giovani volontari erano alla loro prima esperienza in quel genere di operazione.

La liberazione di Kasya era un'impresa che sarebbe costata molto in termini di risorse ed energie e al Centro aleggiava un comprensibile scetticismo. Ne discussi con una nostra volontaria di Brescia, grande amante degli animali e buona consigliera. Fu proprio lei a incoraggiarmi a continuare. Concordammo sul fatto che si può indagare fino a un certo limite, oltre il quale bisogna fare un atto di fede, credere nell'altro e affidarsi a lui. Non certo una cosa facile in una società ormai fondata su diffidenza e antagonismo esasperato, piuttosto che su solidarietà e cooperazione.

Aprile passò. Il lockdown ci aveva impedito di iniziare a liberare i ricci, e questo era un problema serio, perché non sapevamo più dove sistemare i nuovi arrivati. Fu un periodo di grande lavoro ma, anche se non avevo un attimo di tregua, il mio pensiero andava sempre a Kasya.

Faticavo a comunicare con Ivan, e il fatto che utilizzassimo solo messaggi scritti ci faceva perdere il colore delle emozioni e creava spesso malintesi. Cosa avrei dato per parlargli guardandolo negli occhi, anche una sola volta! In quel modo sarei riuscito a capire meglio lui e le sue intenzioni. Avevo bisogno di foto e video per la raccolta fondi e nello stesso tempo ero affamato di informazioni per me. Volevo sapere come stava Kasya, ma lui mi mandava le notizie con il contagocce e sempre senza farsi inquadrare. Che storia nasconde quest'uomo? mi chiedevo spesso. Lo sentivo vicino a me e al contempo distante anni luce. Le pieghe apparentemente contraddittorie del suo carattere mi affascinavano e mi irritavano nella stessa misura.

Ricordo che una volta, verso le quattro del mattino, sfinito dopo una lunghissima giornata, prima di coricarmi gli scrissi: «Ciao Ivan, come stai? Ho finito di controllare tutti i ricci e ora sto andando a letto. Come sta Kasya?»

Pensavo dormisse ancora e non mi aspettavo una risposta immediata. Invece dopo pochi minuti comparve un messaggio sul display. «Ciao Max, mi sono appena svegliato, sto andando da lei per cominciare l'allenamento.»

Fu uno scambio conciso che mi proiettò in quella realtà così lontana da me, facendomela sentire familiare. Mi addormentai pensando a loro due che giocavano nella piscina e mi identificai con Ivan. Con il tempo però capii quanto i nostri caratteri fossero diversi, anche se provavamo gli stessi sentimenti. Lui, al contrario di me, è un uomo di poche parole, estremamente riservato e introverso. Un giorno, a commento di una foto che mi aveva mandato, gli scrissi: «Kasya sembra felice, sono contento!»

Mi rispose con una rasoiata: «Mi dispiace deluderti, ma quello che sembra un sorriso è solo la conformazione del muso tipica dei delfini».

Che non fosse espansivo lo avevo capito, ma forse quello era anche il suo modo di porre l'accento sulle condizioni precarie di Kasya e sull'urgenza di trasferirla, prima che ricadesse nella depressione o peggio.

Le informazioni che Ivan mi passava erano stringate, quasi telegrafiche, ma mi furono utilissime per aprirmi al mondo dei delfini. Capii che per questi animali è fondamentale avere una ricca vita sociale. Ivan stava con Kasya dal mattino alla sera, chiuso in quella prigione che andava deteriorandosi di giorno in giorno. La faceva giocare, la allenava per tenerla in forma e distrarla dai suoi mali. Tra loro si era stabilita una relazione intima e profonda.

Mi ero davvero innamorato di quella delfina e di ciò che Ivan faceva per lei. Volevo, dovevo aiutarli.

Credo che questa mia necessità di stare accanto alle creature deboli e indifese abbia radici nell'infanzia. Ho sempre sofferto all'idea dell'abbandono. Alle elementari, aspettavo tutto il pomeriggio che mia madre venisse a prendermi e non mi tranquillizzavo finché non la vedevo spuntare dal portone d'ingresso del collegio di suore. Allo stesso modo, quando sentivo i miei genitori litigare, ero terrorizzato dal pensiero che si separassero, temevo che non avrei mai più rivisto l'uno o l'altro e non lo sopportavo.

L'angoscia della solitudine di un animale è anche la mia, ne sento il gusto amaro. Come potevo rimanere indifferente ai sentimenti di Kasya?

I delfini hanno una sensibilità elevata e una sfera emotiva molto simile alla nostra. Perché non tenerne conto? Perché sottovalutare il loro livello di coscienza?

Intanto i lavori alla piscina proseguivano. Alcuni volontari erano giunti da ogni parte della Russia per dare una mano. Una di loro si era messa in contatto con me e spesso mi mandava dei video. Si vedeva il cantiere a pochi metri da una baia cristallina; sullo sfondo la grande rocca di Karadag, che sovrastava un paesaggio incontaminato.

L'atmosfera di entusiasmo che circondava l'attività di quei giovani dai modi semplici mi ricordava il tempo della mia adolescenza a casa dei nonni. Era il periodo in cui cercavo l'affetto oltre i confini della famiglia, l'amicizia, forse anche l'amore. Vedere quei ragazzi a torso nudo appesi alle impalcature, oppure mentre consumavano un pasto frugale attorno a una grande tavola improvvisata, mi faceva sorridere. Il loro spirito così allegro e spensierato mi aveva catturato.

Una sera rimasi rapito a guardarli mentre tutti insieme intonavano una cantilena per un bimbo molto piccolo che non riusciva a dormire. Cosa avrei dato per essere lì con loro a godere della spontaneità di quei momenti. Quanto mi sarebbe piaciuto dormire in un sacco a pelo sotto il cielo stellato e respirare la brezza del mare…

* * *

Giorno dopo giorno la cupola di copertura della vasca prendeva forma, e con essa la mia speranza che saremmo riusciti a compiere l'impresa.

Sophia mi spiegò che per assemblare il telone avrebbero cucito decine di triangoli e su ciascuno sarebbe stato stampato il nome di un donatore. Quello più in alto sarebbe stato dedicato a «La Ninna». Mi commossi, pensando che la mia amata riccia avrebbe vegliato su Kasya per sempre.

Dopo alcuni giorni apparve la troupe della TV Russia 1 per fare interviste e riprese destinate a un servizio del TG regionale. Per me fu un sollievo, la prova definitiva che era tutto vero. L'interesse dei media per la vicenda stava crescendo e il merito era anche nostro; finalmente le cose sembravano muoversi nella direzione giusta.

Una giornalista della BBC che in passato aveva raccontato la mia storia alla trasmissione *Outlook* mi chiese il contatto di Ivan per intervistarlo. Ero galvanizzato: questo avrebbe potuto determinare una svolta decisiva nella campagna per salvare Kasya. Ma non appena lo riferii a Ivan ricevetti una doccia gelata. Mi rispose con un secco no, senza mostrare alcuna emozione, ribadendo con forza che non intendeva comparire. Non capivo perché volesse rinunciare a questa opportunità; era un'occasione unica, che avrebbe potuto far decollare la raccolta fondi. Insistetti per giorni ma poi dovetti arrendermi, perché era irremovibile. Mi venne di nuovo il dubbio che avesse qualcosa da temere nel mostrarsi in pubblico.

Piano piano, però, iniziò a farsi strada nei miei pensieri

anche un'altra convinzione: Ivan, come le altre persone coinvolte nel salvataggio di Kasya, apparteneva a una cultura molto diversa dalla mia e per cercare di comunicare in maniera efficace con lui avrei dovuto fare lo sforzo di mettermi nei suoi panni. La barriera linguistica e i limitati mezzi di comunicazione che avevamo a disposizione di sicuro non mi aiutavano a comprenderlo. Una cosa era certa: per instaurare un rapporto costruttivo dovevo evitare di farmi sopraffare da sospetti e pregiudizi.

Venne giugno e finalmente arrivarono anche il chip e i documenti di Kasya. Alla «Karadag Biostation» cominciarono i lavori di assemblaggio della vasca, una struttura di legno e polietilene appoggiata direttamente sul terreno.

A quel punto si entrava nella fase cruciale dell'impresa: il trasporto. «Abbiamo chiesto aiuto all'esercito e al dipartimento dell'Ambiente», mi disse Sophia. «Siamo molto fiduciosi che ci daranno una mano.»

«Fiduciosi?» ribattei. «I lavori sono già molto avanti, dobbiamo averne la certezza. Non si può organizzare un'operazione del genere saltando un passaggio così importante!» esclamai perplesso e stizzito.

Sophia era convinta che le istituzioni russe si sarebbero fatte carico del volo, mentre io nutrivo forti dubbi. In quel momento i governi di tutto il mondo faticavano a trovare le risorse per curare i malati di Covid, figuriamoci per aiutare una delfina. Pensai a un'alternativa e ne parlai con il mio amico Davide. Ci informammo sulla possibilità di noleggiare un jet privato e sui costi. Ciò che scoprimmo fu sconfortante: il volo per trasportare Kasya in Crimea sarebbe costato circa 80.000 euro.Come avremmo fatto se l'esercito ci avesse risposto picche?

16
Liberi tutti

Libertà, questo volevo per Kasya. Vederla tornare nel suo ambiente naturale, restituirle ciò che era suo di diritto e l'uomo le aveva ingiustamente tolto.

So cosa significa per un animale in cattività tornare libero. L'ho letto tante volte negli occhi dei ricci.

Di solito il periodo delle liberazioni prende il via all'inizio di aprile, ma nel 2020 dovemmo aspettare fino al 18 maggio, giorno in cui fu stabilita la fine delle restrizioni dovute alla prima ondata di Covid-19.

La notizia fu un grande sollievo, non tanto per me, che in realtà ero sempre in giro per soccorrere gli animali feriti, quanto piuttosto pensando ai nostri pazienti. Qualcuno più rassegnato, altri invece più nervosi e irrequieti, erano tutti molto sofferenti e stressati dalla reclusione forzata in cui vivevano ormai da troppo tempo.

Furono giorni di grande euforia per tutto il Paese. Quello che solo pochi mesi prima era la normalità adesso aveva il sapore della novità. Le persone, finalmente libere di muoversi, si riversavano nei parchi, scappavano in montagna, correvano sulle spiagge. Chissà se ora che lo abbiamo provato sulla nostra pelle capiremo, pensavo. In soli due mesi in cui siamo stati costretti in casa, con tutte le comodità, molti di noi sono caduti in depressione. Riusciremo a immedesimarci in chi, come tanti animali, è obbligato a passare tutta la vita in solitudine in una misera gabbia e a comprenderne la sofferenza?

A fine maggio, al Centro erano molti i ricci in attesa di essere liberati. «Avremo tanto da fare», dissi a Cristina non appena apprendemmo la notizia della fine del lockdown. «Dobbiamo lasciarli andare il prima possibile, non ce la fanno più, ma non so come ci riusciremo. Tutti i recinti di prelibertà sono pieni.»

«Ma è proprio necessario?» chiese lei. «Non si possono liberare direttamente?»

«No», risposi, «si tratta di ricci arrivati molto piccoli in autunno e con poca esperienza in natura. Sono rimasti qui troppo a lungo e hanno bisogno almeno di quindici giorni per riabituarsi all'ambiente esterno. Dobbiamo essere sicuri che riacquistino l'istinto di cacciare gli insetti, che sappiano costruirsi un nido e recuperino il ritmo di veglia notturna e sonno diurno.» Poi aggiunsi: «Devono anche disabituarsi alla nostra presenza. La diffidenza nei confronti dell'uomo può salvare loro la vita».

«Farai a tutti il solito trattamento?» mi domandò Cristina.

«Sì, è necessario controllare che non abbiano parassiti, dovrò sedarli a uno a uno, tagliare le unghie e fare loro una visita completa. Un compito immane, se pensi che sono più di cento.»

«Ma abbiamo posti a sufficienza per rilasciarli?» continuò lei.

«Quelli scarseggiano sempre, lo sai», sospirai. «Non è facile trovare luoghi naturali lontani da strade trafficate e coltivazioni intensive. L'ideale sarebbe la presenza di una colonia di ricci, indice di un habitat favorevole.»

«Non possiamo riportarli nei posti in cui sono stati trovati?» incalzò Cristina.

«Ma cos'è, un terzo grado?» la canzonai. «Non sempre è fattibile, ci sono vari pericoli, come cani con istinto predatorio, piscine senza protezione e recinzioni. E poi a volte le persone non sono disposte a prendersi l'impegno di lasciare cibo e acqua per un certo periodo... Come sai, la maggior parte dei ricci ha bisogno di tempo per riabituarsi a cacciare», conclusi.

Ricordo bene la prima liberazione di quell'anno così difficile.

Scelsi di andare presso il sito romano di Augusta Bagiennorum, vicino all'attuale Bene Vagienna, un luogo mistico in cui le mie passioni – natura, arte e storia – si intrecciano.

Dalle gradinate dell'antico teatro, lo sguardo percorre le distese dei prati circostanti che si affacciano su una vallata selvaggia. La catena delle Alpi, dominata dal Monviso, sembra abbracciare da lontano quell'angolo pittoresco che nell'adolescenza era spesso meta delle mie gite in bicicletta con gli amici. Adoro quel posto, anche perché ogni volta che ci vado riaffiorano i ricordi di mamma; ne rivivo la presenza quasi come se fosse a casa ad aspettarmi.

Accanto ai resti dell'anfiteatro c'è il piccolo ristorante di

Alice, una ragazza gentile che nel tempo libero si prende cura dei gatti e dei ricci nel suo giardino dalle geometrie romane. L'orto pieno di erbe aromatiche e piante officinali, ben assortite e allineate, incornicia un minuscolo dehors circondato da un prato che si estende fino ai margini di un fitto roveto e di un bosco. Al di là scorre un torrente.

La scelta cadde su un maschio e una femmina che avevano svernato nei recinti della sede «La Franchina». Erano sani, ben pasciuti e non vedevano l'ora di correre per i campi. Li prelevai nel primo pomeriggio dalle rispettive casette e li deposi in due scatoloni con un po' di fieno intriso del loro odore. La prima reazione che ebbero non fu di gioia ma di fastidio: sbuffavano e soffiavano di continuo. Dopotutto, come spiegare loro che la reclusione era finita e il mondo là fuori li attendeva?

Per le due creature era una seccatura svegliarsi nel bel mezzo del sonno diurno ed essere condotte verso l'ignoto; per me, invece, la sensazione era totalmente diversa. Mi sentivo come un papà che all'improvviso deve dire addio ai figli, con la prospettiva di non rivederli mai più e una grande preoccupazione: sarebbero riusciti, così inesperti, a cavarsela da soli in un luogo sconosciuto e in mezzo a tanti pericoli? Come sempre mi accade in queste situazioni, però, l'entusiasmo e il desiderio di offrire loro una nuova vita presero il sopravvento.

Appena arrivato da Alice, sistemai sotto una siepe due casette di legno e un bancale e li imbottii di fieno. Riempii due ciotole di cibo per gatti e due d'acqua e le posizionai davanti all'ingresso delle casette, in modo che i ricci capissero che lì c'era il necessario per sopravvivere.

Poi venne il momento di salutarli. Li presi uno alla

volta e li strinsi forte a me, in silenzio. Misi la femmina in una casetta e il maschio sotto il bancale, poi sparsi per terra un po' di crocchette.

Il tempo di rimettere in macchina le scatole di cartone in cui li avevo trasportati e di tornare, e il maschio era già fuori in esplorazione. A dire il vero sembrava più una fuga, perché in pochi minuti il giovanotto si dileguò tra i rovi e non ci fu più modo di scovarlo.

Mi venne un po' di apprensione, temendo che non avesse neppure notato il punto di ristoro.

Un particolare mi rimase impresso: il suo annusare frenetico che potevo udire da lontano, il riaccendersi improvviso della curiosità e del flusso vitale. Come avrei voluto vedere i suoi occhi vispi! È una sensazione bellissima osservarli mentre si riempiono di una luce indescrivibile, gioia pura, testimonianza del risveglio della natura selvatica.

In quel momento, come mi capita sempre in queste occasioni, apprezzai pienamente il gusto della libertà e ciò che significa per tutte le creature. Ogni volta che lascio andare uno dei miei ricci mi sento sollevato dal senso di colpa per averlo tenuto in cattività, anche se per il suo bene. Vivo praticamente recluso al Centro per prendermi cura dei miei pazienti e mi dispiace lasciarli anche solo per andare a fare una passeggiata, pensando che loro sono rinchiusi nelle gabbie. Così, incoraggiato e alleggerito da ciò che avevo appena fatto, quel pomeriggio decisi di regalarmi un pochino di tempo.

Scesi nella boscaglia lungo il pendio che porta al torrente. A metà strada feci una sosta vicino a una fonte; decine di farfalle multicolori volavano delicate sopra i cespugli e attorno alle piante di luppolo selvatico. L'aria era una festa di profumi e il silenzio era fatto di mille rumori: il suono dell'acqua, il canto delle cicale, il gracidio delle rane.

Chiusi gli occhi e inspirai a fondo, pensando con gioia ai miei due piccoli amici che si sarebbero goduti quel luogo incantato.

Poi la mente vagò lontana come una foglia portata dal vento e, forse non a caso, si posò sull'immagine di due cari amici. Feci un video del luogo in cui mi trovavo e lo inviai.

«È meraviglioso», mi risposero poco dopo. «Non potevi scegliere un posto migliore per liberare i tuoi ricci.»

Non dubitavo che l'avrebbero apprezzato, ma volevo comunque sentire il parere di quei due giovani settantenni che, a tutti gli effetti, reputo i miei maestri: Elsa e Alex.

17
Elsa e Alex

«OTTIMO!» esclamai entusiasta al telefono. «Sono davvero felice. Qui al Centro sono tutti ansiosi di incontrarvi.»

Era la fine di febbraio. Chiusa la chiamata, avevo comunicato la notizia alle ragazze. «Arriveranno martedì prossimo. Mi raccomando, il Centro deve risplendere!»

Elsa e Alex hanno la nostra stessa vocazione ma ben più esperienza: da oltre vent'anni gestiscono l'associazione «Amici del Riccio», in Vallemaggia, nel Canton Ticino. A differenza che in Italia, in Svizzera esiste una lunga tradizione in merito alla salvaguardia dei ricci, e i miei due amici sono senza dubbio tra i massimi esperti del settore.

Per molto tempo avevo sentito parlare di loro da un volontario di Milano che li consultava spesso; poi, quattro anni fa, mi trovai di fronte a un caso davvero difficile e decisi di chiedere aiuto a Elsa. E feci bene, perché trovai grande disponibilità e competenza; capii subito che lei, come me, era mossa da una grande passione. Da quel giorno fra noi si è instaurato un legame di profonda amicizia e stima reciproca.

Elsa si occupa della cura degli animali, mentre Alex si dedica per lo più alla gestione dell'associazione e al trasporto dei ricci. Il loro Centro, come il nostro, si basa in gran parte sulla presenza di volontari, ma loro sono organizzati ancora meglio. Nelle foto la sede appare sempre molto ordinata e curata nei minimi dettagli. La stessa meticolosità si ritrova nel lavoro: ogni riccio che passa da lì viene catalogato e la sua cartella clinica viene inserita in un database con le indicazioni del luogo di ritrovamento e di liberazione. Addirittura, quando li rimettono in natura li segnano con colori diversi, per poterli identificare se mai venissero riportati da loro. Per dirla con un luogo comune: sono svizzeri!

Non appena comunicai la data del loro arrivo, al Centro iniziò un'attività febbrile, perché desideravamo fare buona impressione: fino ad allora i nostri rapporti si erano limitati a lunghe conversazioni telefoniche e messaggi, ma adesso era giunto il momento di incontrarli dal vivo!

A metà mattina del fatidico giorno arrivò la telefonata: «Ciao Max, siamo a Novello. Abbiamo parcheggiato nella piazza vicino al castello».

Uscii all'istante e percorsi trafelato la breve distanza che mi separava da loro. Svoltai l'angolo e li riconobbi subito, mi avvicinai e per prima cosa, come se ci conoscessimo da sempre, io ed Elsa ci stringemmo in un lungo abbraccio. «Massimo! Finalmente!» esclamò mentre mi teneva stretto.

«Che bello conoscerti di persona, Elsa!» risposi emozionato.

«Vieni», aggiunse lei dopo che ebbi salutato anche

Alex. «Aiutaci a scaricare la macchina, abbiamo portato alcune cosette per te e i tuoi ricci.»

In effetti, l'auto era stracarica. C'era una gran quantità di scatolette di cibo per cani e gatti, vitamine, integratori, svariati opuscoli sulla cura del riccio prodotti dal loro Centro e, infine, quattro bellissime casette di legno costruite dallo stesso Alex.

«Meno male che erano solo poche cose!» commentai meravigliato.

Ogni casetta era un piccolo capolavoro di falegnameria: era dotata di un meccanismo per favorire la circolazione dell'aria in estate e nel corridoio d'ingresso c'era persino un minuscolo tappeto di linoleum. Su tutte c'era il logo de «La Ninna» stampato accanto a quello degli «Amici del Riccio», a suggellare il gemellaggio tra le nostre associazioni. Quel pensiero mi commosse: mi confortava sapere che non lontano da me esisteva qualcuno che condivideva la mia stessa missione. Spesso, quando racconto che ho aperto il primo centro di cura per ricci in Italia, le persone mi guardano stranite, se non incredule. Vedendo i nostri loghi vicini, non solo ebbi l'impressione di non essere solo, ma addirittura mi sembrò di aver trovato i fratelli maggiori che non avevo mai avuto.

Elsa volle subito vedere i ricci disabili, quelli più in difficoltà. Per prima le mostrai Soffia, la nostra nonnetta neurologica; poi la Sora Lella, paraplegica; Jack, un maschio anziano con il muso sfigurato; e infine la nostra mascotte, Blondino, affetto da una rara malattia genetica. Fu un bel momento di condivisione, perché queste creature sono l'anima stessa del Centro e per me sono molto importanti. Elsa mi diede consigli, ci scambiammo pareri, ci raccontammo aneddoti.

«Quanti ricci, Massimo!» disse Alex stupito. «Sembra un lazzaretto!»

«Hai perfettamente ragione», risposi, «questo in realtà è un ospedale da campo in zona di guerra. Non abbiamo il coraggio di rifiutare nessuno.»

Ricordo che, mentre raccontavo le storie dei miei ricci, Elsa aveva gli occhi lucidi, e mi resi conto che mi capiva perfettamente, perché in fondo lei quelle emozioni le aveva vissute prima di me.

A fine giornata ci raggiunse Cristina e cenammo tutti insieme in un'osteria di Novello. Chiacchierammo a lungo un po' di tutto, delle nostre vite, delle nostre esperienze, dei nostri sogni. In quell'occasione scoprii che Alex, come me, è un grande appassionato di astronomia. Parlammo fino a tardi di stelle e pianeti, indicandoli nel cielo limpido incorniciato dalle montagne innevate.

Una bella cena tra vecchi amici, così definirei quella serata, anche se era la prima volta che ci vedevamo. Stare insieme fu così piacevole che Elsa e Alex decisero di fermarsi un giorno in più.

Al momento della partenza, Elsa mi fece un altro regalo: prese con sé una riccetta un po' irrequieta che faticava a stare in gabbia.

«Prima di tornare a casa passiamo da una mia amica che vive in un bellissimo posto nell'Alta Langa. Negli anni ha imparato da me a prendersi cura dei ricci. Ha un bel recinto grande dove la tua riccia potrà passare il resto dell'inverno tranquilla, e in primavera sarà libera di correre nei prati.» Poi aggiunse, abbracciandomi: «Ora tocca a te venire da noi».

Rimasi a guardare la macchina allontanarsi, e già una morsa di nostalgia mi stringeva il cuore.

Qualche mese dopo, mentre liberavo i miei due ricci a Bene Vagienna, mi tornò in mente quell'incontro così semplice e genuino, e sentii più che mai quanto mi fosse mancato il calore delle relazioni umane durante tutto il periodo del lockdown.

Pensai allora a Kasya e al legame che aveva con Ivan, così importante per entrambi: aveva salvato lei dalla depressione e spinto lui a chiudersi in un delfinario abbandonato, rinunciando a tutto pur di restarle accanto.

Non siamo fatti per la solitudine, pensai.

Siamo fatti per stare vicini.

Chissà se adesso che conosciamo il prezzo della distanza riusciremo a non dimenticarlo.

18

Una battuta d'arresto

Se Kasya non fosse così lontana... Se fosse qui in Italia sarebbe tutto più semplice, pensavo ogni giorno. Controllavo i progressi del cantiere sulla pagina Instagram della «Karadag Biostation» e attendevo con ansia i video che mi mandavano i giovani volontari russi.

«Guarda», dicevo felice a Cristina, «si vede la copertura finita!» Oppure: «Hanno terminato di spianare il terreno! Vedi? È lì che verrà piazzata la vasca».

Cristina mi sorrideva, cercando di nascondere le sue perplessità. Da una parte anche lei si era affezionata alla delfina e sperava che riuscissimo a salvarla, dall'altra però temeva che quella storia, con tutti gli ostacoli che presentava, potesse concludersi con un fallimento. Non voleva frenare il mio entusiasmo e al tempo stesso esitava a incoraggiarmi per paura che rimanessi deluso.

Intanto continuavo a inviare piccole somme di denaro per la costruzione della piscina. Tutto sembrava procedere per il meglio, quando all'improvviso i lavori si interruppero.

«Qualcosa non va?» mi domandò una sera Cristina, vedendomi fissare preoccupato lo schermo del cellulare.

«Sì, cioè no, non lo so...» risposi titubante. «Non vedo più nuovi post sulla pagina della 'Karadag Biostation' e i ragazzi non mandano video da giorni, non capisco perché.»

Per un istante il volto di Cristina si adombrò. «Sarà un caso», cercò di rassicurarmi. «Non ti hanno dato spiegazioni? Hai provato a chiedere alla volontaria che ti manda sempre notizie?»

«Le ho scritto un messaggio ieri, ma non mi ha risposto», spiegai.

«Allora aspetta ancora un pochino», mi consigliò con la sua tipica espressione flemmatica.

«Sì, hai ragione», conclusi pensieroso.

Lasciai passare qualche giorno, poi, spazientito da quel silenzio inusuale, provai a mandare un SMS a Sophia: «Ciao, tutto bene? Come mai non vedo più aggiornamenti? Cosa sta succedendo?»

Mi rispose subito. «Ciao Max, in effetti è sorto un problema. I ministeri della Difesa, della Tutela dell'ambiente e delle Situazioni di emergenza ci hanno comunicato che il trasferimento di Kasya non rientra nelle loro competenze. Stavo per comunicartelo, mi dispiace!»

Rimasi per un attimo attonito a fissare il display del cellulare. «E quindi?» ribattei. «Cosa facciamo? Non possiamo lasciarla lì, dobbiamo trovare una soluzione.»

«Bisogna fare altri appelli», rispose lei. «Chiediamo ai nostri follower di bombardare di e-mail le istituzioni russe per sollecitarle a darci una mano!»

Mi sentii crollare il mondo addosso: le mie peggiori previsioni si stavano avverando.

«Non ce la faremo mai!» gridai quasi a Cristina. «'La Ninna' non ha abbastanza soldi per pagare un volo privato!»

Vedevo il mio sogno allontanarsi e non lo sopportavo.

«Non possiamo lasciare Kasya in quel delfinario fatiscente», continuavo a ripetere a tutti, «morirà di solitudine, dobbiamo trovare un modo per portarla via.»

Cristina, così come le altre persone che mi stavano vicino, cercava di confortarmi, ma purtroppo si aggiunsero ulteriori ostacoli.

Sophia mi raccontò infatti che, dopo un'analisi più approfondita, pareva che la vasca progettata per la quarantena fosse troppo piccola. La notizia mi fece infuriare. «L'avevo detto!» esclamai quando lessi il messaggio. «Mi sono bastate quattro misurazioni su Google Earth per accorgermene, com'è possibile che nessuno ci abbia pensato?»

Sospetti e sfiducia ebbero di nuovo il sopravvento, ma la goccia che fece traboccare il vaso fu quando Sophia mi mise al corrente di un ultimo grave problema: il riscaldamento dell'acqua.

Come spesso accade nei lavori edili, i costi della piscina erano lievitati oltre il preventivo. Il nuovo bilancio aveva fatto sì che l'installazione dell'impianto di riscaldamento passasse in cavalleria e di fatto aveva causato l'interruzione del cantiere.

Costituimmo una chat per discutere del problema.

Il direttore della «Karadag Biostation» propose di far saltare la quarantena a Kasya e di portarla direttamente nell'altra vasca del Centro, dove viveva già una coppia di delfini, ma Ivan si oppose con tutte le sue forze. «Il sistema di filtraggio della vecchia piscina non è adeguato e soprattutto manca l'impianto di riscaldamento», spiegò. «Non possiamo mettere Kasya nell'acqua fredda. Dopo aver vissuto per anni nel clima mite del delfinario, con la sua salute precaria rischierebbe una polmonite fatale.»

Il veterinario aveva ragione, l'estate stava finendo e in Crimea la temperatura sarebbe presto scesa.

Iniziò un braccio di ferro: il direttore non intendeva spendere soldi per l'adeguamento della vecchia struttura e Ivan, dal canto suo, non voleva mettere a repentaglio la vita di Kasya. Giorno dopo giorno la tensione tra i due salì, fino a che la corda si spezzò: il direttore non ne volle più sapere e abbandonò il gruppo.

Rimasi senza parole. Eravamo dunque arrivati al capolinea?

Dopo aver dato l'anima nel tentare di costruire la vasca e superare le enormi difficoltà che il salvataggio di Kasya comportava, dopo aver profuso energie e denaro, ecco che di colpo tutto sembrava svanire.

«Max, forse è un'impresa troppo complicata», mi dicevano molte delle persone a cui chiedevo consiglio in quei giorni. «Investire risorse per salvare un riccio è un conto, ma spendere tutti questi soldi e impegnare tanto tempo per salvare una delfina dall'altra parte del mondo... sembra un po' una follia.»

«No!» sbottavo io. «Non è pazzia, è un atto dovuto! Non ha chiesto lei di essere strappata al mare, alla sua famiglia, al suo mondo! È stata sfruttata per anni e ora siamo in debito con lei. Chi se ne frega del denaro! Non c'è somma al mondo che valga una vita! Certo che costa molto di più salvare un delfino che un riccio, ma questo cosa c'entra? Negli esseri umani ci sono malattie costosissime da curare, come il cancro, e altre che richiedono meno risorse come una polmonite, ma curiamo entrambe le patologie. Per me l'esistenza di tutti è importante allo stesso modo, dalla creatura più piccola a quella più grande!

«È vero che non possiamo prenderci carico del mondo intero, però è Kasya che abbiamo incontrato sulla nostra strada, questa volta. Ora che sappiamo di lei e della sua sofferenza non possiamo voltarci dall'altra parte e non lo faremo! Ormai ci siamo dentro e combatteremo fino all'ultimo!»

Mi accendevo, mi infervoravo, mi arrabbiavo, ma poi sbattevo inevitabilmente la faccia contro la realtà; nonostante la volontà ferrea, non avevo più frecce al mio arco.

Passarono giorni, poi settimane, e la situazione non accennava a cambiare. Il Centro cominciava a ricevere richieste di aggiornamenti da parte di chi aveva mandato donazioni e voleva notizie sulla salute di Kasya, sul cantiere e sull'organizzazione del volo.

Cercavo di temporeggiare, sperando che le cose migliorassero, ma dentro di me qualcosa iniziò a vacillare. Piano piano nella mia mente si stava insinuando il terribile dubbio che non ce l'avremmo fatta a salvare la delfina.

Poi accadde qualcosa che riaccese per un attimo la scintilla della speranza. Comparve dal nulla un misterioso magnate che si disse disposto a pagare il volo di Kasya fino a Mosca, per poi trasportarla via terra in Crimea. A me sembrò un miracolo, ma Ivan non prese nemmeno in considerazione quell'offerta. «Vi rendete conto di cosa significherebbe trasportare Kasya su ruote per milleduecento chilometri confinata in una minuscola vasca? Ve lo dico io: la sua fine certa!» tuonò infuriato nella chat.

Ripiombammo tutti nello sconforto: che fare?

Fu un periodo di grande incertezza, mi sentivo a disagio e abbattuto. Di giorno riuscivo a distrarmi, tra liberazioni, pappe e terapie, ma alla sera l'ombra del fallimento scendeva su di me e mi accompagnava in sonni agitati. Non potevo accettare che Kasya finisse la sua triste vita in quel buco a Teheran!

Come se non bastasse, con il tempo anche i rapporti con Ivan si diradarono. Era già di per sé faticoso relazionarmi con un uomo schivo e sfuggente come lui, ma ora non avevo più nemmeno un motivo per sentirlo. Fra noi calò il gelo.

Arrivò settembre e la situazione purtroppo era immutata: niente più soldi, niente piscina, niente volo.

Una disfatta su tutti i fronti.

19
Cucciolate

PIOVE che Dio la manda. La strada tra Rivalta e Novello è un fiume in piena.

Lucy sta risalendo i tornanti, corre un po', forse, ma ha un buon motivo per farlo. Un chilometro più avanti una station wagon procede in direzione opposta. La visibilità è scarsa e l'asfalto viscido non offre tenuta di strada. Mentre Lucy si appresta a superare l'ennesima curva in salita, all'improvviso l'altra auto sbanda e colpisce forte la sua Panda sulla fiancata sinistra, mancando per un soffio la portiera del guidatore.

Dopo lo schianto Lucy, sia pur intontita, d'istinto allunga la mano verso lo scatolone appoggiato sul sedile di fianco. Il passeggero, un riccio orfano di pochi giorni, sembra non avere subito traumi. Intanto la donna alla guida della station wagon è uscita per controllare che la conducente della Panda stia bene. Sembra di sì, perché Lucy è già al telefono, ma non sta chiamando il 118. Ha composto invece il numero di Cristina per accertarsi che qualcuno vada a recuperare il piccolo al più presto.

* * *

Era il 13 giugno e a mandare Lucy a soccorrere quel neonato ero stato io.

«Corri», le avevo detto solo qualche ora prima, «chissà da quanto tempo è solo senza la mamma. Portalo subito qui, per favore.»

Lei si era catapultata fuori, assicurandomi che mi avrebbe avvisato una volta arrivata. Mi aspettavo una telefonata da un momento all'altro, invece dopo due ore non l'avevo ancora sentita. Preoccupato, presi il telefono per scriverle, ma proprio in quel momento arrivò la chiamata di Cristina: «Lucy ha avuto un incidente», mi disse agitata. «Prima di chiamare l'ambulanza ha voluto assicurarsi che il piccolo venisse portato al Centro. Vai subito a prenderlo, Massimo, e vedi come sta Lucy!»

Mi misi al volante e per tutto il tragitto pregai che non fosse successo nulla di grave. Appena arrivato, vidi l'ambulanza accanto alla macchina semidistrutta di Lucy. Sentii una scarica di adrenalina scuotermi il corpo. Avvicinandomi, la intravidi attraverso il portellone socchiuso: era sdraiata sulla barella, la testa immobilizzata dal collare e il volto terreo. Battei l'indice contro il finestrino. «Come stai?» chiesi. Lei riuscì solo ad accennare un sorriso. Appoggiai la mano sul vetro come per farle una carezza, mentre il mezzo partiva recando con sé la mia impronta.

Rimasto solo, presi il riccio e mi misi in viaggio verso casa, sommerso dai sensi di colpa.

Non appena fui al Centro, lo misi su un pad caldo e gli somministrai una soluzione reidratante. Dopo dieci minuti, dato che era in grado di deglutire, gli feci bere una tisana di semi di finocchio tiepida con l'aiuto di una piccola siringa. Le condizioni del cucciolo erano davvero critiche, mi chiedevo se sarebbe sopravvissuto fino a sera, ma a quel punto si poteva solo aspettare.

Afferrai il telefono e mandai un messaggio a Lucy: «Come va?»

«Ciao Max, sono viva, sto ancora aspettando al pronto soccorso. Sono qua con il collare come un dobermann», volle sdrammatizzare.

«Mi dispiace tanto, sarei dovuto andare io», mi rammaricai.

«Non sentirti in colpa, è stata una coincidenza sfortunata. Ha sbandato proprio mentre passavo io. Tutto è casuale, lo sai.»

Sorrisi e tirai un sospiro di sollievo: sia Lucy che il riccio erano al sicuro.

Quella fu l'estate non solo di Kasya ma anche delle cucciolate: il Centro ne era letteralmente invaso e la segnalazione a cui aveva risposto Lucy era solo una delle tante.

Durante la stagione riproduttiva, che va da maggio a settembre, c'è un'esplosione di richieste di aiuto per i nuovi nati. È questo infatti il periodo in cui si intensificano i lavori di giardinaggio e spesso i nidi vengono disturbati o, peggio, distrutti. Nella maggior parte dei casi le femmine fuggono, quando non rimangono ferite o muoiono, lasciando talvolta fino a cinque o sei piccoli indifesi. Chi li trova, non sapendo cosa fare, chiede il nostro aiuto.

Scatta allora una corsa contro il tempo per cercare di

salvare quei piccoli di pochi grammi, che non mantengono da soli la temperatura corporea e non possono restare senza nutrimento per più di una manciata di ore.

In quel periodo non avevamo molti volontari per via delle restrizioni, perciò eravamo soltanto Lucy, Laura, Cristina e io a tentare di far fronte a tutte le richieste di aiuto.

È proprio ciò che era accaduto quella mattina: una signora molto anziana aveva trovato un riccio neonato in un fosso e non era in grado di portarcelo, così, sapendo che Lucy abitava nei paraggi, le avevo chiesto di recuperarlo. Lei, neanche a dirlo, aveva mollato tutto e si era precipitata.

Ora il riccio giaceva accanto a me, finalmente più reattivo. «Sei stato proprio fortunato», sussurrai sistemandogli meglio la copertina di pile.

Rimaneva solo una cosa da fare: portarlo da Marisiglia, la nostra balia dei ricci.

La sua è una storia davvero speciale.

Pugliese trapiantata in Piemonte, il carattere schietto, l'aspetto prosperoso e rassicurante, Mari incarna l'ideale della mamma premurosa. Quando l'avevo conosciuta, tre anni prima, si prendeva cura dei gattini orfani, portandoli con amore allo svezzamento. Dato che già all'epoca non riuscivamo più a star dietro agli allattamenti, le avevo chiesto di aiutarci. Lei aveva accettato e da allora, ogni estate, la sua casa si trasforma in una vera e propria nursery per ricci.

Il suo è un compito molto impegnativo, perché i ricci lattanti sono delicatissimi. Grandi poco più di un pollice, alla nascita pesano meno di 20 grammi e sono completamente glabri, tranne la schiena, coperta da corti aculei bianchi. La pelle è sottile come carta velina: sono l'immagine stessa della fragilità. Vanno quindi maneggiati con estrema attenzione.

Mari li avvolge in un panno morbido, li mette su una borsa dell'acqua calda e li trattiene delicatamente con due dita perché stiano fermi. I cuccioli succhiano, goccia a goccia, da una piccola siringa, dotata di una minuscola tettarella di silicone. Quando hanno finito, Mari fa fare loro i bisogni per mezzo di un dischetto di cotone imbevuto di olio di cocco. Infine, come una madre amorevole, massaggia loro il pancino per aiutarli a digerire.

Tutto questo va fatto ogni due o tre ore per un mese, e spesso Mari ospita in casa più di dieci cuccioli: un lavoro a tempo pieno che richiede meticolosità e dedizione, ma soprattutto una gran dose d'amore.

Quell'estate le mandammo moltissimi neonati; con noi ne rimase soltanto uno, che però aveva la vera mamma ad accudirlo. La riccia, che avevamo chiamato Spilla, era arrivata ferita poco tempo prima e l'avevamo curata, senza renderci conto che era gravida. Un mattino, a sorpresa, l'avevamo trovata intenta a leccare il suo piccolino appena nato.

Felici di quella bella novità, li avevamo trasferiti subito in una gabbia molto più grande, sistemata nella mia camera per non disturbarli. Io ero stato costretto a traslocare sul divano del salotto, ma andavo spesso in punta di piedi a controllare, per assicurarmi che la madre si prendesse cura del cucciolo. Pulivo la gabbia, portavo il cibo e poi li lasciavo alla loro privacy.

La sera dell'incidente di Lucy, come al solito passai a

dare un'occhiata. Spilla e il suo piccolo si erano rannicchiati sotto la copertina. Alzai delicatamente un lembo e vidi un quadretto che mi riempì di serenità: la riccia dormiva, sdraiata su un fianco, tenendo tra le zampe il piccolo, anche lui beatamente addormentato.

20
Un elicottero in giardino

«Lo so, Cri», dissi rassegnato, «ma domani non posso proprio, devo portare la riccia disabile Broccolona a fare un'ecografia da Roberto. Sta male, non posso rimandare.»

«Mi dispiace, non riusciamo mai a fare nulla insieme», rispose lei delusa.

Lanciai lo sguardo verso la finestra, lasciandolo vagare oltre il profilo delle Langhe, e tirai un lungo sospiro.

Tenevo molto a quella gita: saremmo dovuti andare al Paradiso, un terreno che avevo acquistato alcuni anni prima in una zona selvaggia al confine tra Piemonte e Liguria. Era stato amore a prima vista. Proprio là, anni addietro avevo liberato Ninna, la mia prima riccia salvata.

Pensai con nostalgia alla casetta di pietra che sorge nel bel mezzo di un prato fiorito ai margini del bosco. Per un attimo mi immaginai seduto in cima alla scala ad ammirare quell'angolo verde incorniciato da un vecchio gelso e da un antico essiccatoio circolare per castagne. In fondo al prato inizia una ripida scarpata che termina alla confluenza di due torrentelli, assumendo la forma della prua di una nave.

Da molto tempo io e Cristina desideravamo avere un momento tutto per noi, ma ogni volta saltava fuori un imprevisto.

Quel giorno dovevo occuparmi della riccia con problemi neurologici che il mio caro amico Matia (sì, con una «t» sola) mi aveva portato la sera precedente. La creatura si era aggravata all'improvviso e aveva smesso di mangiare. Mi aveva molto colpito vederlo così preoccupato; il suo usuale atteggiamento schivo e un po' rude aveva lasciato spazio all'emozione. Era una persona di poche parole, ma da tempo si dedicava come volontario al trasporto dei ricci in difficoltà verso il Centro, senza mai preoccuparsi delle grandi distanze da coprire.

La riccia respirava a fatica e una visita accurata mi aveva fatto sospettare un'insufficienza cardiaca. Perciò avevo subito preso appuntamento con un amico esperto di ecografie.

Dopo averla messa sotto ossigeno, avevo salutato Matia. La sua esitazione e l'espressione sconsolata prima di andarsene mi avevano turbato. Capivo bene quello stato d'animo.

«Io vado lo stesso con una mia amica e i cani», mi riportò alla realtà Cristina. «Se ti liberi puoi sempre raggiungerci.»

Trattenni a stento l'amarezza e le raccomandai di non addentrarsi nei valloni, perché in quei giorni il tempo era molto instabile e un acquazzone improvviso le avrebbe messe in seria difficoltà. In quella zona, quando piove forte, i torrenti in fondo alle gole si gonfiano in pochi minuti e i pendii si trasformano in scivoli di fango e acqua quasi impossibili da risalire.

Il giorno seguente, nel primo pomeriggio, mi misi in macchina per portare Broccolona da Roberto. Mentre guidavo guardai il cielo con una certa apprensione. Nell'arco di mezz'ora diventò buio e iniziò a piovere a dirotto.

Poco prima di arrivare all'ambulatorio del mio amico ricevetti la chiamata di Cristina. «Massimo, siamo al torrente, sta diluviando e non ce la facciamo a risalire», disse con voce angosciata. «La mia amica continua a scivolare e non sappiamo cosa fare.»

Le sue parole mi misero in allarme, temevo che un'ondata di piena improvvisa potesse travolgerle. Mi trattenni dal rimproverarla e cercai invece di tranquillizzarla. «Dimmi dove siete, appena finisco qui vengo a prendervi.»

Lei però non seppe spiegarmi in quale zona del Paradiso si trovassero.

«Siete prima o dopo la confluenza dei torrenti? Cercate di risalire fino alla cascata, vedrai che troverete un punto meno ripido per ritornare al prato che circonda la casa», le consigliai.

«Sì, ma qui si sta allagando tutto, la mia amica ha paura», urlò. «Io chiamo i vigili del fuoco.»

«No, aspetta...» tentai di ribattere, senza riuscire a finire la frase perché la linea si interruppe di colpo. Riprovai subito a chiamare e il telefono risultava non raggiungibile.

E adesso che faccio? pensai. Guardai Broccolona nello scatolone sul sedile di fianco a me. Respirava a fatica, non c'era tempo da perdere. Ormai mancavano solo un paio di chilometri allo studio di Roberto, così inviai un vocale a Cristina, nella speranza che prima o poi mi rispondesse.

«Manda il mio numero ai pompieri. Tenterò di spiegare loro dove siete.»

La pioggia si intensificava di minuto in minuto, la strada era un fiume d'acqua e fango.

Arrivato nel cortile del collega, mi precipitai alla porta e bussai con tale forza da spaventarlo.

«Che fai, vuoi buttarmi giù la casa?» chiese in tono ironico mentre mi faceva entrare.

«Scusami, Roby, ma ho un'emergenza. Devo correre al Paradiso ad aiutare Cristina e una sua amica», risposi trafelato. Gli spiegai la situazione e lui visitò subito Broccolona.

Scoprimmo che la riccia aveva un edema polmonare da insufficienza cardiaca.

«È molto grave, Massimo, francamente non so per quanto ne abbia ancora. Ha bisogno di una terapia complessa, ma su un riccio non saprei darti consigli. Inizia con un diuretico e l'ossigenoterapia, poi vediamo. Mi raccomando, va tenuta sotto stretto controllo», concluse.

Abbassai la testa e pensai a Matia, poi lo sguardo cadde sugli occhi ansiosi della creatura: mi ricordava la mia cara mamma. Anche lei negli ultimi mesi della sua vita faticava a tirare il fiato. Anche per lei la stessa sentenza da parte dei medici. La sua sofferenza, quella dell'anziana riccia e quella che avrei causato al mio amico nel comunicargli la brutta notizia divennero un'unica cosa dentro di me.

Un tuono nelle vicinanze mi fece ricordare che dovevo sbrigarmi; il tempo peggiorava sempre di più e le due ragazze erano in pericolo. Era ora di ripartire!

Salutai in fretta Roby, caricai in macchina Broccolona e mi avviai verso casa.

Nel giro di pochi minuti si scatenò l'inferno, la visibilità quasi azzerata da un muro d'acqua. A metà strada dovetti accostare perché era ormai impossibile procedere sui tornanti, quindi ne approfittai per controllare la bestiola. In quel momento arrivò la chiamata dei pompieri, che non riuscivano a localizzare Cristina e la sua amica. Cercai di dare loro alcune indicazioni, ma anch'io brancolavo nel buio. «Sarò lì il più presto possibile», conclusi in preda all'ansia.

Come avrei voluto avere il dono dell'ubiquità! Da una parte volevo correre in aiuto della mia fidanzata, dall'altra desideravo stare accanto alla riccia per assisterla.

Avviai il motore e mi rimisi in strada; arrivato al Centro, non trovai nessuno. Chiara avrebbe dovuto iniziare il turno un'ora più tardi. La chiamai per chiederle di anticipare, in modo da non lasciare sola Broccolona. Accesi il concentratore di ossigeno e posizionai l'erogatore vicino al muso della riccia, mentre cercavo invano di mettermi in contatto con Cristina. Finalmente Chiara arrivò e io, dopo averle dato alcune indicazioni, ripartii al volo.

Guidavo come un matto, in mezzo alla pioggia che sferzava con violenza il parabrezza.

A mano a mano che mi avvicinavo al Paradiso, i danni provocati dal temporale diventavano sempre più evidenti: alberi divelti, rami spezzati, detriti di ogni genere che giacevano sull'asfalto. Imboccai la stradina sterrata che portava al mio podere. Oltrepassata la siepe che delimita la proprietà, ciò che vidi mi lasciò allibito. Sul prato davanti a casa c'era l'elicottero giallo dell'elisoccorso, cinque fuoristrada erano parcheggiati in fila ed era tutto un via vai di persone.

Scesi dalla macchina. «Che succede? Dove sono le ragazze?» chiesi agitato.

«Una squadra è andata a recuperarle con le funi, tra poco saranno su», mi rispose un vigile. «Stanno bene, non si preoccupi.»

A quelle parole sentii un moto di sollievo, ma tutta la tensione che avevo accumulato per quell'assurda vicenda saltò fuori improvvisa e incontrollata: feci una scenata al povero vigile. In realtà ero arrabbiato con Cristina, le avevo raccomandato di fare attenzione e invece guarda un po' cos'era successo!

«Che avete fatto al mio prato?» gridai. «Ma vi sembra il modo? Tutto questo dispiegamento di forze per due turiste della domenica che si sono cacciate in un guaio senza motivo! Guardate là: quella macchina ha divelto il mio melo antico! L'avevo piantato l'anno scorso!»

Il vigile mi guardava sconcertato. Dovevo avere un aspetto tragicomico, perché non potei non notare in lui anche una punta di divertimento. «Si calmi», mi disse, «può capitare a tutti, per fortuna non è successo nulla di grave. Sia gentile con la sua ragazza!»

Poco dopo vidi spuntare dal bosco Cristina e l'amica, accompagnate dai cani che trotterellavano allegri e da due giovani pompieri in divisa. Erano ragazzi grandi e grossi e di bell'aspetto. «Ecco perché ti sei fatta venire a prendere dai vigili del fuoco, eh!» scherzai, e la abbracciai.

Tutto si concluse con qualche battuta e due risate; facemmo addirittura delle fotografie vicino all'elicottero per immortalare quel momento epico. Chi l'avrebbe mai detto! Il Paradiso, da sempre sinonimo di pace e tranquillità, sembrava un campo di battaglia.

Quando tutti se ne furono andati, amica compresa, chiamai Chiara per sapere come stava la riccia cardiopatica.

«È stazionaria, anzi sembra che con l'ossigeno vada un pochino meglio, stai tranquillo», mi rassicurò.

«Allora pensi che possa andare a mangiare una pizza con Cri?» dissi strizzando l'occhio alla mia fidanzata.

«Assolutamente sì», rispose Chiara ridendo.

Mi rivolsi a Cristina: «Che ne dici, ceniamo insieme? Volevamo un momento per noi e alla fine, in un modo o nell'altro, l'abbiamo ottenuto», conclusi.

Lei accettò con piacere.

Rientrato a casa, andai subito a controllare Broccolona e la vidi respirare tranquilla vicino alla cannula dell'ossigeno. Anche se era mezzanotte passata, presi il telefono e inviai un messaggio a Matia per tranquillizzarlo. Immaginavo che fosse ancora sveglio e in pensiero per la riccia.

«Vengo a vederla prima possibile», fu la sua pronta risposta.

Purtroppo però il mio amico non riuscì a realizzare quel desiderio, perché Broccolona ci lasciò improvvisamente la notte successiva.

Ripenso spesso a quanto accaduto. Credo che per me sia stata una grande lezione. Mentre Cristina lottava per la sua incolumità, io ero a curare un riccio; se fossi stato con lei, probabilmente non ci sarebbe stato bisogno di chiamare i soccorsi. C'è voluta un'emergenza per riuscire a stare un po' di tempo insieme.

Quel giorno mi sono reso conto di quanto la mia sfera privata sia assorbita e condizionata dalla missione che ho scelto. È un rebus che non sono ancora riuscito a risolvere e forse non ha soluzione. Credo però che l'equilibrio sia una conquista faticosa, figlia di un percorso lungo e non sempre lineare. Per questo sono grato a Cristina, perché mi sta accanto in questo cammino e mi aiuta a trovare la giusta misura.

21
Alice

La notte che seguì l'evento tragicomico del temporale puntai la sveglia ogni due ore per scendere a controllare Broccolona. La sua condizione sembrava essersi un pochino normalizzata dopo la somministrazione di un diuretico, come consigliato dal collega. In me stava per riaccendersi la speranza, ma il pomeriggio seguente Sonia corse a chiamarmi spaventata.

«Massimo, Broccolona sta soffocando. Aiutala!»

All'improvviso la riccia aveva avuto una crisi respiratoria e mi ci volle più di un'ora per rianimarla. Da quel momento decisi di assisterla di continuo per sistemarle la cannula dell'ossigeno e all'occorrenza somministrarle farmaci.

Dopo quarantott'ore di veglia ininterrotta ero allo stremo delle forze, ma non volevo mollare per paura che sopravvenisse un'altra crisi; sembrerà eccessivo, ma per me ogni vita è preziosa. Alle cinque del mattino, però, sopraffatto dalla stanchezza, mi concessi una pausa. Appena toccai il materasso caddi in un sonno profondo.

Mi svegliai di soprassalto due ore dopo, mi buttai giù dal letto e feci a due a due i gradini che mi separavano dalla sala degenze. Trattenendo il respiro, allungai la mano verso il pile che copriva Broccolona e il mondo mi crollò addosso: giaceva con la bocca spalancata e il corpo rigido come un pezzo di legno. Soffocai un urlo.

Non è possibile! L'ho lasciata giusto il tempo di riprendere le forze e lei è volata via. Maledissi il momento in cui avevo deciso di andare a dormire, ma era troppo tardi, non si poteva più tornare indietro.

Il mio desiderio di essere sempre vicino alle creature che curo per tentare di salvarle o per accompagnarle verso la fine mi ha portato a vivere quel momento estremo in completa empatia con loro, al punto tale che spesso fatico a farmene una ragione. Non riesco a capacitarmi di come un attimo prima ci sia nel corpo il soffio vitale, quell'impalpabile fluido magico che fa risplendere gli occhi, muovere gli arti e respirare, e un istante dopo di fronte a me giaccia un essere inanimato, che non tornerà mai più. Questo momento di passaggio mi lascia colmo di domande, alle quali non riesco a dare una risposta.

Dovevo trovare le parole per dirlo a Matia; c'era anche il suo dolore da considerare. Dopo aver riflettuto a lungo, decisi che un messaggio scritto non sarebbe stato adeguato.

«Ha vissuto bene e felice con te», gli dissi in un vocale per tentare di consolarlo. «Devi gioire di tutti i momenti che le hai regalato e che senza di te non avrebbe mai avuto.»

Lui non mi rispose subito e il suo silenzio aumentò la mia angoscia. Dopo qualche ora, finalmente mi chiamò per chiedermi se poteva venire a prenderla, desiderava riportarla a casa per seppellirla in giardino.

Comprendevo il significato del suo gesto, un rituale che esprime amore, rispetto e forse l'illusione di avere i nostri amati ancora con noi.

Ci sono passato tante volte anch'io: la piccola Lisa, Musetta, Pallina... Molti ricci al Centro hanno segnato delle epoche, dei cicli, e quando se ne sono andati mi sono sempre ritrovato a fare di nuovo il punto sul lutto, il significato della vita e la presenza della morte. Una cosa è certa: le battaglie combattute al fianco di questi piccoli esseri, seppur faticose e dolorose, mi hanno arricchito lasciando dentro di me uno scrigno di preziosi ricordi.

I disabili, ormai lo sapete, per me hanno qualcosa di speciale, forse perché sono particolarmente bisognosi di aiuto e alla fine a loro ci si affeziona di più.

A questa cerchia di legami speciali appartiene anche Alice, una riccia che incontrai nel luglio 2020 e la cui storia, per un bizzarro gioco del destino, risulterà in qualche modo legata a quella di Kasya.

Fu Giovanna, una nostra staffetta, a portarcela.

Settant'anni, buddista, lo sguardo aperto e limpido, Giovanna conduce una vita molto attenta al prossimo e ai più fragili. Una mattina si offrì di andare per nostro conto ad Alba a recuperare un riccio in un giardino. Sulla via del ritorno mi chiamò: «Massimo, non so nemmeno se portartelo, mi pare che non respiri».

«Vieni lo stesso, anche se ti sembra morto», la pregai. «Anzi, fai più in fretta che puoi!» Le spiegai che a volte un riccio agonizzante può respirare in modo davvero impercettibile, quindi valeva la pena di visitarlo.

Quando arrivò mi porse lo scatolone. Dentro c'era il riccio. O meglio, il corpo di un riccio.

Restammo a osservarlo in silenzio. Se non fosse stato per gli aculei bassi, si sarebbe detto davvero senza vita. Dopo qualche minuto il torace si dilatò leggermente. Ci guardammo. «Respira!» sussurrammo all'unisono, e a quel punto Giovanna, sollevata, si apprestò ad andare. Sulla porta si voltò verso di me. «*Nam myoho renge kyo*», recitò, poi sparì nella calura estiva.

Portai il nuovo paziente in sala degenze e feci subito le operazioni di routine: pad riscaldante e flebo idratante. Era una femmina, collassata e disidratata. Decisi di somministrarle anche l'ossigeno, ma in cuor mio temevo fosse tutto inutile. Chissà da quanto si trova in queste condizioni, pensai, sarà già tanto se non muore nel giro di un'ora.

Mentre le sistemavo la cannula di fronte al muso, notai che aveva il naso all'insù, alla francese, che le conferiva un'aria simpatica e diversa da tutti gli altri ricci. Era già adulta, pesava quasi mezzo chilo, e gli occhi erano ridotti a due fessure, come spesso accade quando questi animali stanno molto male.

Non so perché, ma sentii subito una particolare tenerezza nei suoi confronti. La misi in una gabbia e la portai in camera mia per tenerla sempre sotto stretta osservazione e perché non fosse disturbata da nessuno. Le lasciai tutto il giorno l'ossigeno.

Verso sera, contro ogni previsione, era ancora viva. Non solo: il respiro era un pochino migliorato. Me ne rallegrai e misi la sveglia ogni due ore per poterla seguire anche di notte.

Le somministrai altre flebo tiepide e di tanto in tanto le bagnavo le gengive con una punta di miele, così da sostenerla. Rimasi quasi sempre sveglio, facendo la spola tra il divano e la gabbia appoggiata sul tavolo, fino a che giunse il mattino.

Mi avvicinai timoroso e... vidi che era ancora viva.

Non si era mossa di un centimetro ed era sempre debolissima, però sembrava più vitale. Era un risultato strabiliante, un altro di quelli che al Centro chiamiamo miracoli.

Questa piccola guerriera non vuole proprio andarsene, pensai, è davvero tenace. Proseguii con flebo e ossigeno per tutto il giorno e aggiunsi anche un antibiotico. Alla sera notai altri due segnali positivi: si era mossa e si era leggermente appallottolata.

«La tua preghiera buddista è servita!» dissi a Giovanna l'indomani, sapendo che la formula che aveva recitato è volta a far emergere l'energia della vita e a vincere sulle sofferenze superando le difficoltà. «La riccia è praticamente resuscitata.»

Alla fine della giornata la piccola paziente riaprì gli occhi: erano molto scuri, profondi, e con quel nasino alla francese le conferivano un aspetto quanto mai dolce. Decisi di chiamarla Alice e quando annunciai la sua insperata resurrezione, tutto il Centro fu attraversato da un'ondata di entusiasmo.

Ma, come spesso accade, dopo l'euforia arrivò la doccia fredda.

La riccia aveva seri problemi respiratori. Me ne accorsi quando provai a nutrirla con la siringa: aveva difficoltà a respirare dal naso, perché emetteva una specie di rantolo, di risucchio, come se l'aria faticasse a trovare un passaggio. Doveva tenere la bocca aperta per respirare e non era per nulla un buon segno: quando non riescono a inspirare dal naso, di solito i ricci sono molto problematici.

Notai anche un altro particolare: il palato era leggermente deviato all'insù. Con tutta probabilità, l'origine di quell'anomalia doveva essere cercata in un trauma. Il risultato era che i due incisivi modificati spuntavano aguzzi dal labbro superiore, dandole un aspetto davvero buffo. «Sembri proprio una vampiretta», le dicevo per scherzo mentre mordicchiava la siringa con cui la nutrivo.

Alice dimostrò di avere un carattere affabile, mansueto, sembrava quasi collaborare con noi, come se sentisse che la stavamo aiutando.

Con una terapia di cortisone e antibiotici migliorò molto e progressivamente tornò in forze, grazie anche al fatto che aveva iniziato a mangiare di gusto. Analizzando le feci, scoprii che era piena di parassiti di ogni sorta. Ma non era quello che mi preoccupava di più; il rebus che non riuscivo a risolvere era il problema respiratorio.

Di punto in bianco la riccia iniziava a emettere quella specie di rantolo, quel risucchio inquietante che mi faceva temere per la sua vita. Allora mi precipitavo alla gabbia e cercavo di calmarla: la accarezzavo, oppure, quando le crisi erano molto forti, le davo l'ossigeno.

Cercavo di non lasciarla mai sola. Ricordo che un giorno dovetti uscire e Chiara mi chiamò. «Alice ha una crisi, Massimo, sembra davvero che non riesca a riprendersi», mi disse allarmata.

Appena la strada me lo consentì feci un'inversione a U e pigiai sull'acceleratore. Pochi minuti dopo arrivai, la presi, le somministrai una dose supplementare di cortisone e le rimasi vicino finché non si calmò. Quel giorno rischiò davvero di andarsene e da allora feci in modo che ci fosse sempre qualcuno con lei.

Tra aerosol, pappe speciali e flebo i miglioramenti si consolidarono e tutti al Centro le si affezionarono molto, come spesso accade con i soggetti più fragili. Ma non credo che fosse solo questo: Alice emanava una sorta di aura di bontà, sembrava sapesse che ci stavamo prendendo cura di lei e desiderasse, in un suo modo misterioso, mostrarci riconoscenza.

Si faceva manipolare e curare con docilità, quasi volesse renderci il compito più semplice. Per farle l'aerosol la tenevo in braccio e lei sulle prime tentava di infilarsi sotto la mia ascella per trovare riparo, ma poi, quando accendevo la rumorosa macchina, al contrario degli altri ricci che si ribellano e protestano, si rilassava fino ad addormentarsi con le quattro zampe distese.

Ogni volta che mi vedeva mi veniva incontro, come in cerca di coccole.

Sapevo che il problema al naso difficilmente si sarebbe risolto e che la riccia sarebbe dovuta restare per sempre in cura, ma sentivo anche che stava bene ed era serena. Per il momento l'avevamo sottratta alla morte e le stavamo regalando del tempo buono e pieno di amore.

Con lei avevo la sensazione che ogni giorno di vita in più fosse una grande conquista e mi chiedevo quanto a lungo sarebbe durato quell'equilibrio.

Luglio passò. Poi, proprio quando cominciavo a sentirmi più tranquillo, accadde un fatto inusuale che per una volta ribaltò le carte in tavola: mi ammalai io.

22
Una vacanza all'ospedale

«MASSIMO, sei sicuro di stare bene?» mi dicevano i volontari quando mi incontravano per le scale. «Hai un colorito pessimo.»

«Sto bene», rispondevo, «sono solo troppo stanco.»

Ed era vero. La vicenda di Kasya spesso mi teneva sveglio fino a tarda notte per seguire gli aggiornamenti, e le cure al Centro occupavano tutto il resto del mio tempo.

Non ho mai avuto bisogno di dormire molto e riesco a resistere allo stress anche prolungato, tuttavia alla fine di luglio mi sentivo ogni giorno più debilitato e a corto di energie.

Appena mi sdraiavo sul letto crollavo in un sonno profondo e senza sogni, mentre al risveglio facevo una gran fatica ad alzarmi. Mi trascinavo in stato comatoso da una stanza all'altra; anche solo una rampa di scale mi sfiancava. Per di più, avevo spesso forti dolori intestinali.

La sera in bagno, prima di coricarmi, lo specchio rifletteva un volto tirato e pallido, segnato da grandi occhiaie scure. Di solito non presto molta attenzione al mio stato fisico, ma quella costante sensazione di debolezza iniziava a preoccuparmi. Fino a che una mattina, dopo colazione, trovai del sangue nelle feci.

Di turno al Centro c'era Sonia e appena sceso ne parlai con lei.

«Massimo», mi rimproverò, «devi andare subito al pronto soccorso! Sono giorni che vai in giro come uno zombie.»

Abbassai gli occhi; aveva ragione.

La verità è che temevo che al pronto soccorso mi avrebbero trattenuto. Mi terrorizzava l'idea di dovermi separare dai pazienti più bisognosi: Pipino e Lella... chi li avrebbe aiutati a fare pipì? Ero l'unico in grado di farlo. E adesso c'era anche Alice! Chi le sarebbe stato vicino se avesse avuto una delle sue crisi?

Sonia mi ascoltò in silenzio e alla fine osservò: «E se invece accadesse qualcosa di grave a te? Chi si prenderebbe cura non solo di loro, ma di tutto il Centro?»

Aveva di nuovo ragione.

«Va bene», cedetti, «domattina andrò al pronto soccorso.»

Trascorsi una notte insonne. Continuavo a ripassare mentalmente i compiti che avrei dovuto lasciare a dipendenti e volontarie in vista della mia assenza, le terapie dei malati e il controllo dei pazienti più critici.

La mattina seguente, come una madre apprensiva, mi raccomandai mille volte con le ragazze; preparai anche una siringa di emergenza per Alice, nel caso avesse avuto una crisi grave. Poi tirai un lungo sospiro e mi avviai verso l'ospedale di Verduno.

La struttura, moderna e molto ben curata, è circondata

dal verde e gode di una bella vista sulle colline. Appena arrivato andai in accettazione, dopo di che mi preparai a quella che sarebbe stata una lunga attesa. Scelsi una poltroncina accanto a una vetrata da cui potevo almeno godermi il panorama in quella giornata calda e soleggiata, con il cielo limpido e di un azzurro intenso.

Di certo a causa dei protocolli di sicurezza dovuti alla pandemia, la sala d'aspetto era silenziosa e parecchio meno affollata rispetto a quanto accade solitamente in un pronto soccorso.

Mi faceva uno strano effetto essere lì con le mani in mano. Sorrisi ironico, pensando che ancora una volta la pausa non era arrivata per scelta. Non riuscivo a rilassarmi, il mio pensiero rimbalzava tra i numerosi pazienti del Centro, prima tra tutti Alice, e le mille ipotesi sulla mia diagnosi. Cosa sarebbe successo se mi avessero trovato qualcosa di grave? E se avessi dovuto assentarmi a lungo?

A un certo punto del pomeriggio arrivò un messaggio su una chat che condivido con alcuni vecchi amici. Era accompagnato dalla foto di una meravigliosa spiaggia deserta; al centro, i piedi di un uomo sdraiato e come sfondo il mare cristallino. «Saluti dalla Grecia!» recitava il messaggio di Matteo.

Osservai l'immagine con una punta di nostalgia e subito arrivò la risposta di un altro amico: «Ciaooo! Buone vacanze dalla Liguria», diceva. Stavolta la foto mostrava Roberto e suo figlio sul ponte della loro barca a vela.

Quasi in contemporanea arrivò anche la risposta di Federica: «Abbracci dalle Dolomitiiii!» e via con una sequela di faccine felici e cuoricini.

Caspita, pensai, da quanto non mi concedo una vacanza

così? Com'era lontana quella vita. Mi chiesi se la spensieratezza che emanava da quei messaggi mi mancasse davvero oppure no.

Poi mi voltai, guardai il panorama fuori dalla finestra e sorrisi. Presi il cellulare e fotografai le colline punteggiate di boschi. «Poltrona ergonomica», scrissi nel messaggio, «vista mozzafiato sui boschi, aria condizionata gratis e servizio completo di visita medica. Saluti dal pronto soccorso di Verduno.» E inviai anch'io la mia risposta.

Com'è logico, il messaggio sollevò la curiosità e poi l'ilarità dei miei amici. Fu una buona idea perché, tra una spiegazione, una battuta e qualche altra foto, la chat si animò e passai l'ora successiva senza più pensare a niente, godendomi l'atmosfera allegra di quella rimpatriata virtuale.

Verso sera arrivò finalmente il mio turno.

La dottoressa mi visitò con fare freddo e piuttosto sbrigativo. Le spiegai la situazione, cercando di darle quanti più dettagli possibile. Lei ascoltò in silenzio e mi fece una serie di esami diagnostici, poi mi disse di rimanere in sala d'attesa, senza pronunciarsi.

Dopo circa un'ora mi richiamò. «Dottor Vacchetta», mi disse mentre compilava il foglio di dimissioni dal pronto soccorso, «lei è sano come un pesce, non ha nulla. Cerchi soltanto di riposare un po' di più.»

Rimasi spiazzato. «Ma... il sangue nelle feci...» balbettai.

«Da quello che ho visto non ci sono segni di una perdita ematica, è sicuro di quello che mi ha raccontato?»

A quel punto ebbi l'illuminazione. Due sere prima mi ero ridotto a cenare a notte fonda e, non avendo tempo di cucinare, avevo preso quel che avevo trovato in frigorifero e lo avevo trangugiato senza troppe cerimonie.

«Senta», chiesi alla dottoressa, «è possibile che sia stata un'anguria, oppure dei pomodori secchi, ad avermi tratto in inganno?»

Lei alzò gli occhi dal foglio che stava compilando e mi guardò da sopra gli occhiali. «Beh, dottor Vacchetta, dovrebbe averne mangiata una quantità spropositata...»

«Mezza anguria e un intero vasetto di pomodori secchi», la interruppi io con fare colpevole.

La dottoressa smise di scrivere e mi guardò sconcertata. «Allora più che di riposo lei ha bisogno di una dieta bilanciata!» sentenziò. E finalmente scoppiò a ridere. «Vada tranquillo a occuparsi dei suoi ricci.»

Avrei voluto abbracciarla.

Uscii dall'ospedale camminando a dieci centimetri da terra, realizzando solo in quel momento quanto quella storia mi avesse spaventato.

Ero sano! «Come un pesce», aveva detto la dottoressa!

Guidai verso casa con addosso una sensazione di enorme sollievo. Ecco, era tutto lì che mi aspettava: Cristina, il Centro, i volontari, Novello!

Appena arrivato, per prima cosa corsi da Alice. Salii le scale in due balzi e, arrivato davanti alla porta della mia camera, mi fermai. Abbassai piano la maniglia ed entrai in punta di piedi.

La riccia dormiva nella sua gabbia accanto al pad riscaldante, il musetto appoggiato alle zampe. Di fianco alla gabbia, dalla grande finestra che dà sulla valle, si vedevano le colline, simili a quelle che avevo fotografato e mostrato ai miei amici.

Sono già dove voglio essere, pensai. La felicità è sempre più vicina di quanto crediamo.

Osservai Alice ancora per un po', con una sensazione di appagamento nel cuore. Ripensai alla lotta che io e lei stavamo combattendo da un mese, al valore dei piccoli gesti quotidiani per conquistare un attimo, un giorno, un mese di vita in più. E provai una grande gratitudine per quel piccolo animale che dormiva davanti a me: la sua precarietà, quel suo essere appesa a un filo, mi faceva capire sempre di più quanto ogni momento guadagnato sia prezioso.

23
Il gruppo si riforma

Le giornate di settembre scivolavano via sempre più corte e le speranze di trasferire Kasya erano ormai ridotte al lumicino.

Mi buttai a capofitto nel lavoro per non pensare, per rimandare il momento in cui avrei dovuto prendere atto del fallimento, fare ammenda con me stesso e con tutti coloro che avevo trascinato con me in quell'avventura. E soprattutto ammettere la cosa che mi faceva più male: Kasya sarebbe rimasta in quel delfinario abbandonato, con l'unica compagnia di un uomo che, per quanto la amasse, non avrebbe mai avuto le risorse per salvarla.

Poi, a fine mese, mi arrivò una notifica inaspettata sul cellulare.

Ero stato aggiunto a un gruppo WhatsApp a me sconosciuto. Non feci in tempo a controllare chi ne fossero i membri che arrivò un messaggio in inglese: «Buongiorno Massimo, sono Venera, un'attivista, anche se non appartengo a nessuna associazione specifica. Da tanto tempo seguo le vicende di Kasya e vorrei fare qualcosa per lei.

Sto invitando te e altri volontari in questo gruppo per rimettere in piedi una squadra e cercare di salvarla».

Venera... Quel nome non mi diceva nulla. Controllai nella sezione informazioni della chat: la lista dei partecipanti comprendeva otto numeri di telefono. Ne riconobbi solo tre: quello di Ivan, che ormai sentivo sempre più di rado, quello di Thomas, il mio primo contatto di «YouCare France», e infine quello di una persona che non mi sarei mai aspettato di trovare lì: Oxana.

Era una cara amica di Sophia. Residente negli Stati Uniti, parlava molto bene l'inglese e aveva svolto un ruolo importante nei giorni dei primi scambi con l'«Orcinus Center» e la «Karadag Biostation», perché facilitava le comunicazioni tra noi. Era la fondatrice dell'associazione russa «Dolphin Rescue and Research Center Delfa». Quando entrammo un po' in confidenza mi confessò che, nonostante conoscesse e stimasse Sophia, non condivideva alcuni aspetti organizzativi e operativi delle due associazioni coinvolte, ragione per cui non era mai entrata a far parte dell'operazione «Salviamo Kasya».

Vedere il suo nome nella lista mi rassicurò.

Gli altri numeri del gruppo invece non mi dicevano nulla, ma nei giorni successivi imparai ad associarli a dei nomi: Mitra Hajjar, una famosa attrice iraniana, attivista e molto appassionata alla sorte di Kasya; Amir Shirazin, un veterinario iraniano responsabile del Caspian Seals Research and Rehabilitation Center, che aveva seguito la vicenda fin dall'inizio e come me nutriva il sogno di liberare la delfina; e infine Homayon Reza Shahbazkia. Proprio lui, il proprietario di Kasya.

Di primo acchito non fui contento di vedere nella lista

anche il nome dell'uomo che aveva sfruttato la delfina fino ad allora, ma poi pensai che avere un canale diretto con lui sarebbe stato utile e avrebbe snellito gli adempimenti burocratici.

Così, contro ogni previsione, con la formazione di quel nuovo gruppetto di irriducibili idealisti, l'operazione «Salviamo Kasya» ripartì.

In ottobre la chat si animò di messaggi, scambi, opinioni. Mitra, coadiuvata da un collega regista, si offrì di produrre un documentario di una decina di minuti sulla storia della delfina. Fu un gesto apprezzato perché avere materiale di qualità per smuovere l'opinione pubblica era fondamentale; al di là di questo, mi resi però conto che nonostante tanti buoni propositi, non c'erano alternative concrete per il futuro di Kasya.

Le tentai tutte. Addirittura proposi di cercare un luogo adatto in Italia. Tramite Oxana, contattai Ric O'Barry, fondatore di «The Dolphin Project», un'organizzazione che si occupa del recupero e della riabilitazione dei delfini in cattività. Sapevo che aveva in cantiere la realizzazione di un santuario nell'Isola di San Paolo, a sud di Taranto, ma purtroppo era ancora solo un progetto e chissà quando e se avrebbe visto la luce. Provai perfino con l'acquario di Genova. Credevo che potesse essere una soluzione temporanea per non lasciare Kasya dov'era. Se non altro, lì sarebbe stata tutelata dal punto di vista della salute mentre continuavamo a cercare una soluzione adeguata.

In quel frangente dissi a Ivan che se Kasya fosse stata trasferita in Italia per un po' gli avrei trovato una sistemazione e gli avrei dato una mano a sopravvivere, per non separarlo dalla sua amata delfina. Non nego che questa mia proposta celava il desiderio di poter incontrare sia Kasya sia il suo compagno umano. Trovai subito disponibilità da parte della responsabile e del veterinario dell'acquario, ci fu una lunga trattativa, ma purtroppo non andò a buon fine. Ancora una volta, i tempi stretti, il costo del trasporto e la burocrazia ebbero la meglio.

«La Ninna», che al momento era l'unica realtà a farsi carico delle spese, non poteva permettersi la cifra necessaria per il trasferimento di Kasya, e comunque non era semplice né immediato ottenere l'autorizzazione di spostarla da un Paese all'altro.

Anche ottobre se ne andò senza alcun passo avanti.

I primi di novembre, spazientito, scrissi in chat: «Scusate, ma quanto a lungo Kasya potrà rimanere ancora al delfinario di Teheran? Siamo sicuri che la faranno stare lì nonostante la struttura sia chiusa da mesi?»

Homayon ci aveva segnalato che dal municipio giungevano pressioni affinché la delfina lasciasse la Milad Tower.

Nemmeno a farlo apposta, il giorno dopo che sollevai la questione arrivò un suo messaggio disperato: «Sono venute le autorità. Vogliono mandarci via. Ci danno sette giorni per trasferire Kasya, dopo di che anche Ivan sarà allontanato dal delfinario».

Mi cascò il mondo addosso.

24
I bulldozer di Cuneo

«Buongiorno dottore, mi chiamo Claudia e le scrivo da Cuneo. Spesso la sera, mentre porto a passeggiare il cane nell'area verde del mio quartiere, detta Piazza d'Armi, mi capita di vedere dei ricci gironzolare vicino a una macchia di rovi dove credo abbiano le tane. Sono molto preoccupata per la loro sorte perché da un paio di giorni alcune ruspe stanno scavando e spianando proprio lì. Potete fare qualcosa?»

Erano i primi di ottobre e quel messaggio fu l'inizio di una vicenda che resterà negli annali della storia del Centro e, chissà, forse anche di quella di Cuneo.

Non esitai nemmeno un minuto e telefonai a Claudia per avere ulteriori informazioni. Appena iniziammo la conversazione, la voce appassionata e lo spiccato accento romanesco me la resero simpatica. Si percepiva che aveva a cuore gli animali e dalle sue parole traspariva tutto il desiderio di aiutarli.

Mi spiegò che si trattava di un terreno incolto di circa una ventina di ettari che si estendeva a ridosso della periferia, delimitato da un lato dal muro di cinta di una vecchia caserma abbandonata e per il resto circondato da strade.

«Hai un'idea di cosa vogliano fare?» le chiesi.

Mi rispose che il sindaco e la giunta avevano deciso di riqualificare l'intera zona, con l'allestimento di un grande parco per i cittadini. Panchine, piste ciclabili e laghetti sarebbero sorti dove adesso c'erano prati, rovi e cespugli.

Mi resi conto con sgomento della vastità del progetto. Come faremo a fermare un'opera del genere? mi domandai perplesso. Si trattava di accollarsi un impegno enorme che avrebbe assorbito moltissime risorse, in un momento in cui al Centro eravamo già oberati di lavoro.

Per un attimo fui tentato di lasciar perdere, ero a corto di energie fisiche e mentali, ma poi pensai a quelle creature indifese che, ignare del pericolo, sarebbero state spazzate via da qualcuno che forse non era nemmeno consapevole della loro esistenza.

Decisi che valeva la pena tentare; ci pensai su un paio d'ore, poi richiamai Claudia per confermarle che ci saremmo occupati noi del salvataggio dei ricci.

Subito dopo fui colto da mille dubbi. Non avevamo mai affrontato una situazione simile: come avremmo fatto a scovare tutti i ricci? E che cosa farne una volta trovati, portarli al Centro o ricollocarli in un'altra area verde? Al momento i lavori erano fermi per il weekend, ma il lunedì successivo sarebbero ripartiti. Non c'era tempo da perdere, perciò telefonai a Cristina per concordare il da farsi.

Per prima cosa decidemmo di scrivere un'e-mail certificata all'amministrazione comunale, per informarla della presenza di una colonia di ricci in Piazza d'Armi e della necessità urgente di bloccare le ruspe. Essendo venerdì pomeriggio, molto probabilmente avremmo dovuto aspettare il lunedì per ricevere una risposta.

Ci fu poi un'accesa discussione fra me e Cristina sulle modalità di intervento qualora il sindaco, Federico Borgna, avesse preso in considerazione la nostra richiesta. Come al solito la mia irruenza, dettata in questo caso dal timore di non arrivare in tempo, si scontrò con i suoi modi pacati, ma su un punto concordammo: dovevamo portare i ricci a «La Ninna», e per farlo serviva un gruppo di volontari disposti a perlustrare l'area ogni sera per raccoglierli.

In cuor mio speravo che dal Comune mi rispondessero subito, ma era una probabilità remota. Lo spettro delle ruspe incombeva minaccioso su quella piccola comunità di ricci. Anche se erano passate solo poche ore dalla telefonata di Claudia, mi ero già preso a cuore il loro destino.

Impaziente, decisi di tentare anche un'altra strada: Patrizia, la nostra volontaria di Cuneo che da dietro le quinte fa funzionare l'associazione, forse avrebbe potuto mettermi in contatto con il sindaco. La chiamai e le raccontai tutta la storia. In un batter d'occhio il mio messaggio arrivò al primo cittadino e la sua risposta fu quanto meno sorprendente.

Disse di sì.

Subito, senza bisogno di insistere, senza discutere, senza alcuna resistenza.

«Certo che salviamo i ricci», scrisse. «Sospendiamo immediatamente i lavori!»

Ero incredulo, lessi il messaggio più volte perché non mi pareva vero. Quella persona, con la sua decisione, mi aveva fatto tornare un po' di fiducia nelle istituzioni, con le quali mi ero spesso confrontato nel vano tentativo di proteggere l'ambiente e gli animali.

Fui preso dalla curiosità di vedere il suo volto, quindi andai a cercare sul web. Ciò che scoprii mi commosse: Federico, il sindaco di Cuneo, è cieco. Mentre cercavo ulteriori informazioni, incappai in un video in cui raccontava del progetto del parco con una passione tale che provai subito simpatia e ammirazione per lui. Quell'uomo guardava la vita con gli occhi del cuore.

Chiamai Claudia per comunicarle la buona notizia e la pregai di tornare al parco la sera stessa per iniziare le ricerche dei ricci. Dal canto mio, decisi di fare una diretta su Facebook per chiedere aiuto ai nostri follower. Nei giorni successivi, infatti, avremmo avuto bisogno di molti volontari per perlustrare una zona così vasta. Sul momento non mi resi conto di quanta enfasi stavo mettendo nel parlare del progetto, ma il mio appassionato monologo ebbe un'eco straordinaria nel cuore di tutti.

Quella prima sera Claudia trovò solo un adulto ben nutrito, che fu portato al Centro verso mezzanotte da una volontaria.

Mentre lo sistemavo nella gabbia, di colpo l'entusiasmo per il salvataggio lasciò il posto all'amarezza per aver strappato quella creatura dal luogo in cui viveva. Presto tutto sarebbe stato distrutto per creare un ambiente più adatto alle esigenze dell'uomo. E agli animali cosa rimarrà? mi rammaricai. Dove andranno a vivere? Di questo passo per loro non ci sarà più posto sulla Terra. Provavo sconforto e rabbia, perché non avevo una soluzione soddisfacente e realistica ai miei interrogativi.

Però, almeno, grazie a noi quel riccio e i suoi compagni

avrebbero avuto una chance di sopravvivere. All'improvviso mi venne un'idea: visto che il sindaco era così illuminato e disponibile, forse avrei potuto proporgli di creare nel nuovo parco alcune aree con un fitto sottobosco per accogliere i ricci e altri animali selvatici. Sarebbe stata un'ottima occasione per rilanciare il concetto che per il bene di tutti è necessaria un'integrazione tra gli spazi naturali e quelli antropizzati.

Il tam-tam in rete cresceva di ora in ora, e così pure le offerte di aiuto da parte dei follower. Il giorno dopo, all'imbrunire, al parco arrivarono molte persone munite di scatoloni, torce, guanti e cesoie per tagliare i cespugli. Claudia si lanciò nell'impresa con tutte le sue energie, coordinando le squadre di recupero e organizzandole su tre turni: due di pomeriggio e uno di sera. Chi lavorava con la luce naturale aveva il compito di tagliare i cespugli a mano, in modo da non rischiare di ferire i ricci eventualmente rintanati. Poi sarebbero passati altri volontari a spargere crocchette in punti strategici per attirare gli animali. Con il calare del buio, invece, sarebbe cominciata la ricerca vera e propria.

All'inizio le squadre non scovarono neanche un riccio, poi, proprio quando il morale della truppa stava calando, saltò fuori il primo, piccolissimo.

A trovarlo fu un bambino di nome Andrea. Si era unito alle ricerche con il padre e non appena lo vide lanciò un grido di entusiasmo. «Eccone uno!» Da quel momento i volontari cominciarono ad avvistarne uno dietro l'altro, mentre io, che ero rimasto al Centro, raccontavo in diretta su Facebook quanto stava accadendo.

Tutti si appassionavano, era come una caccia al tesoro: ogni ritrovamento era accompagnato da un'onda di entusiasmo che incoraggiava il gruppo a continuare le ricerche. Il coinvolgimento dei partecipanti e l'alchimia di quella notte diedero un risultato insperato: ben sette ricci vennero recuperati.

All'una Laura, la nostra staffetta che affiancava Claudia nel coordinare le squadre, li portò a «La Ninna». Un paio d'ore dopo, quando tutti furono sistemati nelle gabbie, io e lei ci guardammo, stravolti ma soddisfatti.

«Chi altro farebbe una cosa del genere alle tre del mattino?» fu il mio sfogo ironico. E scoppiammo a ridere insieme.

Prima di spegnere la luce, mi fermai ancora un attimo a guardare due fratellini che dormivano vicini in un confortevole nido di fieno. A un palmo dai loro musetti c'era tanto buon cibo a disposizione. Mi resi conto che avevamo fatto la cosa giusta: oltre a salvare gli adulti dalle ruspe, avevamo recuperato dei cuccioli molto piccoli che quasi di certo non ce l'avrebbero fatta a superare l'inverno da soli.

Le ricerche continuarono un giorno dopo l'altro sotto l'occhio attento di Laura e Claudia che, vere protagoniste di quell'impresa impegnativa e al tempo stesso divertente, passavano la notte con i volontari per poi portare da me i ricci recuperati.

Arrivarono persone da tutto il Piemonte a darci una mano, alcune addirittura dalla Liguria. Una delle più fantasiose a un certo punto suggerì di noleggiare uno scanner a infrarossi per individuare più facilmente gli animali al buio.

«Ma scherziamo? Costa un patrimonio», ribattei. «Faremo un post e vedrete che salterà fuori gratuitamente.»

E così fu! Uno dei nostri follower lo possedeva e si unì al gruppo sul campo portandolo con sé.

Poi però venne un'ondata di freddo e pioggia e le ricerche si interruppero.

«Massimo», mi esortò Laura tra il serio e il faceto, «bisogna risollevare il morale della truppa. È ora che il comandante dell'armata dei ricci scenda in campo.»

Mancava poco alla ripresa delle ricerche e così, il giorno del mio compleanno, decisi di unirmi anch'io agli altri. Aveva piovuto a dirotto e sentivo che era un'occasione da non sprecare, perché quando il terreno è bagnato i ricci escono in cerca di lombrichi.

Appena arrivato al parco, notai il lavoro minuzioso che era stato fatto: l'intera zona era stata decespugliata a mano, grazie anche all'aiuto di alcuni volontari della protezione civile mandati dal Comune.

Durante la notte colsi l'occasione per spiegare al gruppo come individuare la presenza dei ricci al buio, ascoltando i vocalizzi che emettono e i rumori che producono mentre si muovono. Trovammo anche un nido vuoto sotto un cespuglio e ne approfittai per descrivere con quali materiali i ricci li costruiscono e come riconoscerli per evitare di distruggerli involontariamente. Se l'ambiente circostante è ricco di vegetazione, in meno di un'ora un riccio è in grado di fabbricarsi un nido impermeabile alla pioggia con erba, foglie e rametti.

Fu un modo originale di trascorrere il mio compleanno, in compagnia di Cristina e di numerosi volontari, tra cui Patrizia, che vedo sempre con grande piacere.

Ricorderò quel periodo come le due settimane in cui l'armata dei ricci fermò i bulldozer di Cuneo. Ne salvammo sedici, e credo che questa sia la dimostrazione del fatto che l'amore, quello vero, smuove le montagne.

Ed è pure contagioso, perché alcuni giorni dopo che le operazioni a Cuneo erano terminate, mi giunse la notizia che Cinzia, una volontaria di Faenza molto cara a «La Ninna», aveva fermato a sua volta le ruspe che stavano per demolire una casa abbandonata. Sapeva che lì nel giardino viveva una famiglia di ricci, quindi, incoraggiata dalla nostra impresa, si era parata davanti ai bulldozer con tale determinazione che gli operai erano stati costretti a fare dietrofront. E aveva fatto bene, perché dopo una serie di appostamenti era riuscita a salvare ben sette ricci.

Se l'azione di pochi può ottenere risultati così straordinari, immaginate quale cambiamento epocale potremmo innescare se unissimo le forze!

25
Mari e Mariolino

«Ehi, doc, hai un minuto per me?» Quella lunga giornata di metà novembre iniziò con il breve messaggio di Mari, la nostra balia dei ricci.

«Sicuro», risposi. Sapevo bene che se Mari chiede è per una necessità urgente.

«Ti ricordi di quel riccetto mezzo morto che mi hai mandato un mese fa?» mi domandò preoccupata. Esitai, in quel periodo ne arrivavano così tanti...

«Dai, quello di cui non avevi il coraggio di chiedere notizie il giorno dopo», incalzò lei.

A quelle parole mi si accese la lampadina. «Certo! Il piccoletto che ti ha portato Laura. Era davvero messo male, come sta?»

Mari tacque per qualche istante, poi rispose: «Massimo, posso portartelo? Non mi convince. Mangia come un bufalo ma non cresce, è la metà dei suoi fratellini. È uno scricciolo di appena novanta grammi».

Si presentò un paio d'ore dopo, molto agitata. «Gli ho somministrato un antibiotico e ora sbava e respira male. Per favore, fai qualcosa», mi supplicò con un filo di voce.

Lo presi tra le mani: stava davvero male. Dal respiro addominale dedussi che probabilmente aveva una grave polmonite.

Da come Mari lo guardava, si capiva quanto le stesse a cuore quel fagottino di aculei. Aveva gli occhi umidi di commozione, tanto che anch'io feci fatica a trattenere le lacrime.

«Mi sento in colpa, Massimo, avrei dovuto portartelo prima, mi dispiace tanto.»

Sistemai il piccoletto in una scatola di plastica dietro la mia scrivania. «Così l'avrò sempre sott'occhio», spiegai per rassicurarla. Misi nella scatola un pad riscaldante, accesi la macchina dell'ossigeno e avvicinai la cannula al muso del riccio. Poi aggiunsi un piattino di umido per gattini e la bestiola ci si fiondò sopra.

«Ah, però!» esclamai. «L'appetito non gli manca, buon segno!»

«È questo che mi ha ingannata», disse Mari abbacchiata. Poi, estraendo un barattolino dalla borsa, aggiunse: «Doc, ho raccolto le feci, puoi guardare al microscopio se ha parassiti?»

Sorrisi. «Una bella cacca di riccio a colazione è proprio quel che ci vuole per iniziare la giornata», cercai di sdrammatizzare, poi mi sedetti davanti al microscopio.

Quando misi a fuoco, rimasi sconcertato. Era tutto un brulicare di larve. Il cucciolo aveva i polmoni zeppi di crenosoma, un temibile verme che, se presente in grande quantità, può essere letale. Non avevo mai visto un riccio così giovane con una tale infestazione.

«È pieno di crenosoma», annunciai sconsolato a Mari. «L'antibiotico non basta, serve un farmaco che liberi i polmoni dai parassiti e...» Trattenni il respiro, ma Mari capì cosa stavo per dire.

Abbassò lo sguardo e finì la frase per me: «Potrebbe essere rischioso».

«Sì», confermai. «I vermi, morendo, potrebbero ostruire i bronchi e peggiorare ulteriormente la situazione. Ma non abbiamo scelta, dobbiamo tentare.»

«Fa' ciò che devi, Massimo», concluse lei. Poi balbettò: «Se mi chiami... cerca di dirmelo... con calma. Sono sempre quelli più straccetti che ti prendono il cuore».

L'amore che provava per quella bestiola era tangibile.

Dopo che ci fummo salutati, tirai nella siringa una dose molto bassa di antiparassitario e, non senza una certa apprensione, la somministrai al riccio. «Forza Mariolino, devi farcela, hai tante persone che ti vogliono bene qui», gli sussurrai. Il nome mi era uscito di getto pensando a Mari.

Il piccolo rimase tranquillo come se niente fosse e dopo pochi minuti riprese a dormire spaparanzato sul pile caldo. Che tipetto, pensai...

Il pomeriggio filò via senza intoppi. La sera, però, all'improvviso mi resi conto che qualcosa non andava. Mariolino non aveva più toccato cibo e sembrava respirare a fatica.

Sarà l'effetto del trattamento, mi dissi, vediamo se stanotte mangia.

In quel momento suonarono alla porta: era una giovane coppia che aveva trovato un piccolo riccio in pieno giorno, lungo una strada.

Sono sempre felice di incontrare ragazzi sensibili e volenterosi, mi infondono coraggio e speranza. Li feci entrare allegro, ma quando sollevai il pile che copriva il riccio, sbiancai. «Oh, no, questo piccolo è in fin di vita! Non c'è tempo da perdere», esclamai.

Li salutai in fretta e corsi subito a preparare una flebo tiepida per rianimare il nuovo arrivato. La iniettai lentamente in quel corpicino così flaccido che sembrava un cencio. Intanto, con la coda dell'occhio controllavo Mariolino. Il campanile della chiesa aveva appena battuto otto rintocchi.

«Ci attende una lunga notte», sospirai.

E così fu. Passai il tempo rimbalzando tra i due pazienti: dietro di me Mariolino continuava a respirare male ma sembrava stazionario, di fianco a me l'altro stava sempre peggio. A un certo punto mi accorsi che Mariolino era affamato. Gli diedi un piattino di umido e la sua reazione fu incredibile: gli si accesero gli occhi, puntò il cibo, lo annusò e poi vi si gettò sopra. La vita, pensai. Questo povero cucciolo potrebbe morire nel giro di poche ore, eppure riesce a godere di questo momento come se non esistesse altro al mondo che quella leccornia.

Lo guardavo con compassione ma provavo anche rabbia, perché la verità è che quel riccio era lì a causa nostra. A causa dell'uomo.

Le cucciolate tardive, quelle di fine ottobre e inizio novembre, non sono normali. Il cambiamento climatico prolunga la stagione riproduttiva e ne risulta che in autunno, avendo a disposizione meno insetti per nutrirsi, i cuccioli devono accontentarsi delle lumache, ospiti intermedi di pericolosi parassiti. In più, non sono in grado di affrontare il letargo, perché ci arrivano troppo piccoli e deboli. Non è giusto, pensavo mentre curavo il povero Mariolino.

Continuava a respirare male, così gli somministrai un broncodilatatore. Chiamai Elsa per un consulto, ma era notte fonda e non mi rispose.

Minuto dopo minuto, arrivò il mattino.

Mariolino sembrava stabile e così anche l'altro riccio, che si era mosso e aveva alzato la testa. Io invece ero stremato. Quando arrivò Barbara le dissi: «Devo dormire un po'. Mi raccomando, non perdere di vista questi due». E mi buttai sul letto.

Dopo due ore mi svegliò. «Max, il riccio dei ragazzi sta agonizzando.»

«No!» gridai catapultandomi in sala degenze. Feci di tutto per rianimarlo: ossigeno, cortisone... Ma non servì a nulla.

«Non è possibile!» imprecai. «Mi allontano un attimo e... Non sarei dovuto andare a dormire», conclusi.

Non era la prima volta che capitava, ma credo che non mi ci abituerò mai. Sembrerà irrazionale, eppure in certi casi ho la sensazione che tra me e i ricci si crei come un filo invisibile di energia, che nel momento in cui mi allontano si spezza. Quando accade, mi sento in colpa e non riesco a perdonarmi. Solo a distanza di tempo arrivo a vedere le cose sotto un'altra luce, a dirmi che dopo ventiquattro ore ininterrotte di lavoro è normale crollare e forse, in definitiva, quello che provo non è altro che un senso di impotenza.

Passai la mattina con gli occhi pesti a monitorare Mariolino. Non aveva più appetito e questo mi preoccupava, non volevo perdere anche lui. Mi faceva tenerezza, così piccolino e fragile. Con il passare delle ore sembrava respirare sempre peggio, perciò decisi di non perderlo d'occhio nemmeno per un attimo.

Nel pomeriggio Lucy raggiunse il Centro e mi raccontò che era passata da Mari. «Chiamala, Massimo», mi consigliò. «L'ho vista proprio angosciata per quel riccetto, mentre ne parlava si è messa a piangere.»

Esitai: non è facile in quei momenti trovare le parole. Poi le telefonai e cercai di tranquillizzarla, sebbene fossi più in ansia di lei.

Verso sera Mariolino riprese a mangiare con slancio. Rincuorato, decisi di fargli una seconda dose di antiparassitario. E anche stavolta reagì bene.

Passò la seconda notte.

La mattina del terzo giorno, ormai sicuro che il farmaco non gli procurava alcuna reazione, optai per una terza dose.

Forse avrei dovuto aspettare, non lo so. Dopo mezz'ora lo controllai e vidi che aveva la bocca spalancata, come se stesse soffocando, boccheggiava cianotico con la lingua di fuori. Mi colse il panico. Presi l'ossigeno e gli feci una dose alta di cortisone.

Iniziò un'ora terribile. Mi tremavano le mani mentre tenevo la cannula dell'ossigeno e intanto chiamavo Elsa per un confronto. Mi suggerì un farmaco e subito glielo somministrai.

Lentamente, il respiro del cucciolo sembrò calmarsi. Telefonai a Elsa per avvisarla che il suo consiglio aveva funzionato, ma subito dopo la crisi ricominciò.

E stavolta fu violentissima.

In pochi minuti Mariolino se ne andò, tra le mie mani.

Fu come piombare nell'inverno. Mi avvolse un gelo tetro, opprimente. Chiamai di nuovo Elsa, mi sfogai, ma i rimorsi non cessarono.

E non era finita: dovevo ancora avvertire Mari.

Aspettai un'altra ora, dopo di che presi coraggio. «Mari...» iniziai, ma non riuscii a proseguire.

Ci fu un lungo silenzio. Poi lei, a bassa voce, quasi dolcemente, disse: «Ho già capito, Massimo».

Ancora silenzio, seguito da singhiozzi.

Tra Mari e quel cucciolo si era instaurato un legame profondo. Chi ha vissuto con un animale lo sa bene: dopo un po' diventa come un membro della famiglia. Mari aveva allattato, accudito, seguito quel piccolo da quando pesava solo una ventina di grammi.

Era diventata la sua mamma.

E adesso lo aveva perso.

26
Sette giorni per salvare Kasya

«Avete una settimana di tempo per portarla via dalla Milad Tower», questo era quanto aveva intimato l'amministrazione comunale di Teheran a Ivan e Homayon. Dopo avere pazientato per molti mesi, ora il sindaco sembrava deciso a far sgomberare il delfinario una volta per tutte, senza più darci alcuna possibilità.

La notte che seguì quella notizia fu terribile. La ricordo come una delle peggiori della mia vita. Mi rigiravo nel letto senza trovare pace, nella mente si affollavano i pensieri più cupi, rivedevo gli occhi tristi della delfina e udivo di nuovo il suo pianto di disperazione. Immaginavo il suo terribile destino: sarebbe rimasta davvero sola, senza più Ivan a tenerle compagnia né la coppia di volontari che ogni giorno le portava il pesce fresco. Non arriveranno a lasciarla morire di fame e di stenti, mi dicevo, ma era proprio ciò che accadeva nei miei peggiori incubi.

Una settimana, avevano detto. Il problema era che, se anche avessimo potuto permetterci di pagare un volo, in realtà non avevamo idea di dove portare Kasya. Dopo Karadag non era saltata fuori nessun'altra possibilità. Inoltre, era inverno e l'ipotesi di metterla in un santuario marino era ormai esclusa a causa della temperatura dell'acqua. Serviva un delfinario, ma quale? Dove? E comunque ci sarebbe voluto molto tempo, altro che una settimana!

Toccai il fondo della disperazione. Al mattino scrissi sulla chat del gruppo: «E adesso cosa possiamo fare?»

Fu Homayon a proporre una soluzione per prendere tempo: «Dobbiamo bombardare di messaggi la pagina Instagram della Milad Tower e l'e-mail del sindaco di Teheran».

«Però dobbiamo far capire al sindaco che abbiamo un posto dove sistemarla, altrimenti non ci prenderà sul serio», ribattei.

«Il delfinario di Kish Island», propose Amir. «Possiamo provare a chiedere a loro.»

Ricordavo quel nome, era un'isoletta a sud dell'Iran, nel Golfo Persico. Quell'ipotesi era già emersa altre volte nei nostri ragionamenti, ma Homayon non sembrava molto propenso, quindi non avevamo mai approfondito. Decidemmo che, vista l'urgenza, nulla andava lasciato intentato.

Lì per lì l'idea della pressione mediatica mi sembrò assurda. Come avremmo potuto raggiungere l'amministrazione di Teheran? Ma soprattutto, avremmo avuto la forza di smuovere un'istituzione così lontana da noi?

Anche se ero angosciato, non mi persi d'animo. Sono sempre stato così: nel momento di maggior disperazione attingo a una specie di serbatoio di riserva che si apre solo quando tutto sembra perduto. Mi aggrappai dunque con le unghie e con i denti a quell'unica possibilità e decisi di chiamare di nuovo la grande armata dei ricci. Rispetto a quella combattuta a Cuneo, questa battaglia si preannunciava davvero al limite delle nostre forze.

Il pomeriggio stesso lanciai un appello su Facebook, molto diverso da tutti quelli che avevo fatto in precedenza. Fu una diretta caotica e visionaria, ma talmente intensa e appassionata da scatenare una risposta fenomenale. Una bufera, una valanga si abbatté con incredibile forza sull'account Instagram della Milad Tower. Mentre monitoravo la pagina vidi stupito decine, poi centinaia, poi parecchie migliaia di messaggi accumularsi sotto i post più recenti.

La notizia rimbalzò in rete; svariate associazioni e personaggi noti rilanciarono l'appello, con il risultato che in pochi giorni la questione approdò sulla stampa nazionale. Fu una reazione a catena davvero incredibile.

In passato avevo fatto altre dirette per parlare di Kasya, ma mai avevo percepito un'empatia e una partecipazione emotiva così grandi. Quello fu il momento in cui l'Italia iniziò a conoscere Kasya.

E in me risorsero le speranze.

Mi resi conto che per salvare la delfina bisognava mettere più forze in campo, servivano figure competenti in merito all'organizzazione del trasporto e, perché no, anche personaggi influenti. Dovevamo trovare qualcuno che ci mettesse in contatto con il sindaco di Teheran; decisi quindi di consultarmi con i miei volontari per provare a reperire le persone giuste tra il vasto schieramento di amici de «La Ninna».

Fu quella la svolta decisiva nella vicenda di Kasya.

Emanuela, una delle volontarie, mi disse che una sua

amica conosceva il braccio destro del console iraniano a Milano. «Bene!» esclamai. «Contattiamolo subito.»

In brevissimo tempo ottenni un appuntamento telefonico.

Ero emozionato e in apprensione per quel colloquio, ma scoprii subito che all'altro capo del telefono non c'era il console bensì il suo segretario, Mammad. Si dimostrò una persona di grandissima disponibilità e gentilezza, nonché vero amante degli animali. Ascoltò con interesse tutta la storia, mi rivelò che il consolato era stato tempestato da un migliaio di e-mail di richiesta di intervento e che per questo si erano già messi in contatto con il sindaco di Teheran. Alla fine, dietro mia richiesta, mi assicurò che avrebbero cercato di contattare l'amministrazione del delfinario di Kish Island per convincerla ad accettare Kasya.

Anche in Iran lavoravano febbrilmente per trovare una soluzione. In capo a un paio di giorni, Amir mi mandò un messaggio vocale che, incredulo, ascoltai più volte: «Massimo, ho una bellissima notizia! Grazie alla sua notorietà, Mitra è riuscita a parlare con il sindaco di Teheran e lo ha convinto a lasciarci tutto il tempo necessario per trovare un posto per Kasya».

L'ondata di messaggi, unita all'intervento del console e di Mitra Hajjar, aveva avuto un effetto straordinario: in soli due giorni eravamo riusciti a cambiare le cose!

Ero elettrizzato, quel risultato mi aveva ridato slancio. La gente era dalla nostra parte e i media si erano accorti di Kasya; dopo mesi di faticose acrobazie organizzative, sentivo che era giunto il momento decisivo.

«Ragazzi, dobbiamo premere sull'acceleratore», scrissi di nuovo in chat. Non volevo sedermi sugli allori. Il sindaco aveva acconsentito a tenere la delfina a Teheran, è vero, ma per quanto? Giorni? Mesi? Non avevamo alcuna certezza, se non che il tempo a nostra disposizione non sarebbe stato infinito. E su Kish Island non c'erano ancora riscontri.

Nel frattempo, il mio amico Davide ebbe un'idea brillante a proposito del trasporto: perché non provare a coinvolgere Carmen Aiello, fondatrice dell'associazione «Salviamo gli Orsi della Luna»? Dato che si occupa di recuperare animali maltrattati dagli zoo e dai circhi dei Balcani, avrebbe potuto darci un aiuto prezioso per organizzare il trasferimento.

La chiamai.

Mi rispose una voce decisa. Carmen mi ascoltò con grande attenzione e già dopo pochi minuti fra noi era nata una grande intesa. Mi sembrò davvero disposta ad aiutarci; non vedeva il salvataggio di Kasya come una chimera ma come una possibilità reale. Le raccontai di Kish Island e di quello che Amir mi aveva detto in proposito, cioè che il delfinario apparteneva a un miliardario, tra le altre cose proprietario anche di un albergo di lusso e di una compagnia aerea. Amir sosteneva che era quasi impossibile raggiungerlo, così chiesi a lei se avesse contatti utili.

Carmen rispose che collaborava con due veterinari, Manuel e Marco, uno dei quali in passato aveva lavorato a Kish Island, e che avrebbe chiesto loro di intercedere presso la direzione.

Purtroppo, però, questo si rivelò un vicolo cieco, perché di recente lo staff del delfinario era cambiato e i due veterinari non avevano più il loro contatto in loco. Il proprietario sembrava davvero irraggiungibile, quindi decisi di chiedere al consolato se nel frattempo qualcuno di loro fosse riuscito a parlarci.

La risposta non tardò ad arrivare: il console in persona aveva parlato con lo sfuggente miliardario, che si era detto disponibile a una trattativa.

Non stavo nella pelle! Era un altro punto a nostro favore sul tabellone di quell'interminabile partita, che finalmente sembrava volgere al meglio. Ma non si poteva ancora cantare vittoria, perché rimaneva il problema del volo. Per non ripetere lo stesso errore che avevamo commesso con la «Karadag Biostation», bisognava attivarsi al più presto.

Sollevai la questione sulla chat del gruppo e Homayon spiegò: «Questa volta il volo non sarà un problema. Kish Island è vicina, quindi non ci costerà più di 15.000 o 20.000 euro».

Era un'ottima notizia; rimasi dunque sorpreso quando proseguì avanzando di nuovo dubbi sull'idoneità del luogo. D'altro canto, Ivan premeva: «Kasya non può resistere ancora a lungo qui alla Milad Tower. Potrebbe ricadere nella depressione, ha un bisogno disperato di stare con i suoi simili».

Nonostante le perplessità, chiedemmo a Carmen di avviare le trattative con il delfinario e per una settimana rimanemmo tutti con il fiato sospeso. Lei mandò diversi messaggi al direttore, ma da Kish Island non giunse risposta.

Poi, una mattina, arrivò la tanto attesa telefonata. «Ho una notizia fantastica! Abbiamo un posto per la delfina!» mi annunciò Carmen euforica. «Il direttore ha acconsentito a ospitarla, però ci invita a stendere un contratto con le condizioni dell'accordo.»

Il documento avrebbe dovuto indicare che il trasporto e le spese mediche sarebbero stati a nostro carico e che se nel giro di un anno non avessimo trovato un luogo adatto per la riabilitazione, la proprietà di Kasya sarebbe passata al delfinario. Ovviamente era prevista una retta mensile, anche se per il momento non si parlava di cifre. Inoltre, il direttore voleva una liberatoria in cui Homayon si dichiarava disponibile a lasciar andare la delfina.

La strada sembrava ormai spianata, ma non avevamo fatto i conti con la reticenza di Homayon. Cominciò ad accampare nuovi dubbi e io mi infuriai: tutto quel lavoro non poteva risolversi in nulla. Stavo per intervenire con la mia consueta irruenza, quando Amir, decisamente più diplomatico di me, mi disse che ci avrebbe pensato lui. E in effetti Homayon si convinse, ma solo dopo una settimana di estenuanti discussioni.

Ero stanco: ogni volta che si trovava una soluzione sorgeva un nuovo ostacolo da superare, e non di rado le problematiche erano interne al gruppo. Poi, finalmente, riuscimmo a inviare tutta la documentazione. Era il 10 dicembre.

È fatta! pensai. Invece, quella che seguì fu una settimana al cardiopalma.

Mentre aspettavamo una risposta dalla direzione, Amir ci comunicò che alla Milad Tower si era presentato un funzionario del delfinario di Kish Island per sondare il terreno e capire se Homayon fosse disposto a vendere Kasya. Ma come? E l'accordo per prenderla in pensione?

Fui sommerso dai sospetti, e la distanza non aiutava a capire.

Temevo che Homayon potesse cedere alla tentazione di vendere la delfina per risolvere tutti i problemi in un colpo solo, oneri pecuniari compresi. Molte volte, infatti, si era lamentato di non poter più sostenere le spese di mantenimento senza il ritorno economico degli spettacoli. Il conto mensile prevedeva pesce, disinfettanti, gasolio e manutenzione della vasca, per un totale di circa 2.000 euro.

Fu ancora Amir a parlare con lui. «Tranquillo, Massimo», mi rassicurò. «Ha rifiutato l'offerta. Vuole liberarla.»

Tirai un sospiro di sollievo. Alla fine, Homayon si stava rivelando una brava persona.

Nel frattempo, la trattativa con Kish Island si era arenata. Spazientito, chiamai Carmen. «Credo che dovremmo iniziare a parlare di soldi. Chiedi quanto vogliono al mese per tenere Kasya fino alla liberazione», le suggerii.

Magicamente, il giorno dopo arrivò la risposta: chiedevano una cifra alta ma, date le circostanze e le condizioni precarie della delfina, decidemmo di accettare.

Dovevamo sbloccare la situazione anche sul fronte del trasporto. Non potevamo scegliere un volo cargo perché non pressurizzato, né contare su un aereo di linea perché in base alle normative di sicurezza un delfino non può condividere lo spazio con i passeggeri. Come fare, allora?

Mentre io chiedevo nuovamente aiuto al segretario del console iraniano, Amir individuò una compagnia aerea, la Pouya Air, disponibile a trasportare Kasya togliendo alcuni sedili da un piccolo jet, il tutto a un costo contenuto.

«Ottimo, non facciamoceli scappare!» esclamai.

Amir non fece nemmeno in tempo a richiamarli che Mammad mi rispose, consigliandomi di rivolgerci ai militari. Sapeva infatti che due volte al mese un volo dell'esercito partiva da Teheran per raggiungere Kish Island. Amir seguì il consiglio e in breve ci diede una notizia incredibile: non solo l'esercito si dichiarava disponibile a trasportare la delfina, ma lo avrebbe fatto gratuitamente.

Fantastico! Un mezzo militare, emblema di conflitto e distruzione, si sarebbe trasformato in simbolo di solidarietà e amore. Come disse una mia amica qualche giorno dopo: «Sarà un aereo da guerra che spargerà fiori sul mondo».

27
I militari in aiuto di Kasya

«LUCY, tieniti forte, perché sto per darti una notizia bomba. Non vedevo l'ora di dirtelo, domenica prossima Kasya potrà lasciare Teheran su un volo militare!»

Era il 30 dicembre. Esordii così, quel mattino, in preda al desiderio di condividere la mia gioia incontenibile con una persona a me molto cara. Alla fine, unendo le forze, ce l'avevamo fatta: Kasya sarebbe tornata a vivere con altri delfini, curata e controllata regolarmente, fino al momento in cui le avremmo restituito la libertà. Era il coronamento di un sogno.

Amir, entusiasta quanto me, scrisse sulla chat che serviva la scansione del passaporto di Ivan per mandarlo ai militari e lui prontamente inoltrò la foto del documento sul gruppo.

Quando la vidi, rimasi di stucco: l'uomo misterioso e chiuso che non si era mai fatto riprendere o inquadrare in un'immagine, il veterinario che da nove anni seguiva Kasya scegliendo infine di rimanere segregato per mesi nel delfinario fatiscente della Milad Tower, era un giovanotto di trentatré anni. Un bel viso, gli occhi azzurri, la testa rasata, era lontanissimo dall'immagine che mi ero costruito nella mente, convinto fin dall'inizio che fosse mio coetaneo. Pensai che mi sarebbe piaciuto conoscerlo di persona.

Poi, a pochi giorni dal volo, quando ormai era tutto pronto per la partenza, ricevetti la chiamata di Amir. «Massimo», mi disse, «abbiamo un nuovo problema: Ivan è russo.»

«Sì, beh, questo lo so», risposi, «e quindi?»

«Quindi non può salire sull'aereo con Kasya, perché l'area militare è preclusa agli stranieri.»

«Ma come, è impossibile!» replicai. «Non possono fare qualcosa, che ne so, un permesso speciale?»

«Proverò a indagare», mi assicurò Amir, «ma da quello che ho capito è una regola tassativa. Mi dispiace.»

Non potevo crederci, eravamo praticamente già in volo e in un secondo ripiombammo a terra.

Per l'ennesima volta tutto venne rimesso in discussione e nella chat si riaccese il confronto. «Non possiamo farla partire senza di me», si alterò Ivan, «tutto può andare storto durante il volo, Kasya potrebbe avere un collasso. Ci vuole un veterinario esperto ad assisterla. Perché mettere a rischio la sua vita proprio adesso? Dobbiamo trovare un'altra soluzione.»

Passai la notte a scambiare messaggi con lui, nel tentativo di convincerlo che forse la sua presenza non era così indispensabile e che si sarebbe potuto occupare di lei prima del volo e subito dopo l'atterraggio. Non potevamo farci scappare quell'occasione così preziosa.

Ma non c'era verso di fargli cambiare idea. «No», si

impuntava, «se la facciamo trasportare da altri potrebbe morire. Non c'è nessuno in grado di far fronte a un'emergenza, se stesse male o avesse un attacco di panico nessuno saprebbe cosa fare.»

Ed era pure sorta un'altra complicazione: i militari vietavano la presenza a bordo di strumentazione elettronica utile a monitorare le funzioni vitali della passeggera.

Alla fine, stremato, non potei fare altro che riconoscere che Ivan aveva ragione. Quella che sulle prime avevo considerato cocciutaggine in realtà era professionalità e desiderio di agire scrupolosamente, per il bene della delfina. D'altra parte, io non mi comporto forse nello stesso modo con i miei pazienti ricci?

Raccontai allora a Ivan di Alice, di come grazie alla mia dedizione fosse riuscita a superare numerose crisi da quando, mesi prima, era stata trovata agonizzante sul ciglio di una strada. Gli confidai il mio attaccamento per quella riccia e riconobbi che lui era davvero l'unico in grado di trasportare la delfina in sicurezza.

Al mattino la soluzione dei militari era dunque ufficialmente tramontata, così tornammo all'idea del volo civile. Certo, sarebbe costato, però Ivan avrebbe potuto viaggiare con Kasya e a tutti sembrò la scelta migliore.

È incredibile, pensai, eravamo a tanto così dal farcela e adesso... Sembrava opera di un destino avverso, come se avessimo dovuto lottare contro l'impossibile.

Nonostante questo, la sensazione di essere vicini alla soluzione non era svanita. Da quando ho smesso di rincorrere l'accecante benessere materiale, mi capita spesso di sognare a occhi aperti con una tale intensità e passione che il desiderio mi si materializza nella mente. Questo genera un'energia vitale che mi spinge a dedicarmi con tutto me stesso alla realizzazione del progetto, fino a ottenere risultati a dir poco incredibili.

Ed evidentemente non ero l'unico a farlo: Amir, come me, non si rassegnava. Aveva cercato in tutti i modi di ottenere un permesso speciale per far salire Ivan sull'aereo militare, smuovendo mari e monti e scomodando tutte le sue conoscenze, fino ad arrivare addirittura a una telefonata con il vicepresidente iraniano, senza però venirne a capo. Quel tipo di autorizzazione avrebbe richiesto una lunghissima trafila burocratica e noi non avevamo tempo.

Proprio quando Amir stava riprendendo i contatti con la Pouya Air, piovve dal cielo una notizia inaspettata: il proprietario del delfinario di Kish Island si era offerto di aiutarci. Togliendo alcuni sedili, avremmo potuto utilizzare un volo di linea della sua compagnia, per una somma irrisoria!

Il trasferimento di Kasya fu fissato, se il diavolo non ci avesse di nuovo messo lo zampino, per domenica 10 gennaio. Era davvero una bella notizia.

Quella brutta, invece, riguardava solo me: la mia amatissima Alice non stava bene.

28
Alice combatte

Il gelo arrivò all'improvviso all'inizio di dicembre, in una sola notte una nevicata abbondante si portò via i colori e il tepore dell'autunno, ammantando il paesaggio di bianco.

Il mattino seguente mi svegliai intorpidito dal freddo; seduto sul letto feci un lungo sbadiglio, gli occhi pesti dalla stanchezza. Da quanto tempo non mi concedevo un bel sonno.

Jack, Lilly e Chicca, i miei cani, attendevano impazienti ai piedi del letto, scodinzolando all'impazzata. Era l'ora della pipì, mi toccava scendere.

Infilai alla bell'e meglio le ciabatte e spalancai la porta che dà sul cortile; una folata di vento mi fece rabbrividire. La neve scendeva fitta, depositandosi sui lunghi rami dell'ulivo secolare e curvandoli fino a terra.

Non appena i cani furono usciti richiusi la porta e tornai pigramente verso il letto. Passando davanti al tavolo su cui avevo piazzato la gabbia di Alice, lanciai un'occhiata: dormiva beata, avvolta nel tepore della coperta di pile.

Se ne stava rannicchiata con il musetto appoggiato a una zampa anteriore e un'espressione serena.

Quanto le volevo bene, per me era come una figlia.

Le rimboccai il bordo della coperta e lei non si scompose; si limitò ad arricciare il suo bel tartufino all'insù come per annusare l'aria, poi riprese a dormire. Mi fermai ancora per un attimo vicino a lei. «Alice bella», le sussurrai, «come stai bene al calduccio, curata e protetta... Qui sei al sicuro, cosa potrebbe mai capitarti?»

Quelle parole mi tornarono in mente una settimana dopo.

Notai che Alice era più svogliata nel mangiare e di tanto in tanto aveva dei conati di vomito. Faticava a respirare e spesso durante la notte i sintomi si aggravavano. Nel mio sonno leggero mi capitava di sentire il suo rantolo, un lamento strozzato come se stesse per soffocare; allora mi catapultavo giù dal letto e le somministravo una dose di cortisone. Alice mi veniva incontro smarrita, come per chiedermi aiuto, e stavamo svegli fino al mattino a combattere insieme. All'alba i sintomi piano piano si attenuavano, fino a che la sentivo rilassarsi e tornare a respirare normalmente. Sembrava quasi che la mia presenza la aiutasse a tranquillizzarsi. Durante questi episodi, io e lei diventavamo una cosa sola, anche se purtroppo non riuscivo a farmi carico del suo male: quello era tutto suo e io non potevo far altro che starle vicino.

Quanta tensione, quanta ansia in quei momenti. Ero terrorizzato all'idea di perderla; allora mi fermavo a riflettere sulla sua sofferenza e mi chiedevo se il mio non fosse solo egoismo. Forse pensavo soltanto a me stesso, alla mia paura di lasciarla andare, di dirle addio.

A metà dicembre le crisi si intensificarono. Impiegavo molto tempo a darle da mangiare, per non rischiare di soffocarla, e anche il rantolo era peggiorato. Per compensare la carenza di appetito, decisi di aumentare il numero di pasti e le cure collaterali, in special modo l'aerosol.

Ero consapevole che non sarebbe mai guarita e mi arrovellavo: era meglio smettere di curarla oppure continuare? C'era una minima speranza di ripresa? In realtà vedevo che, malgrado le terapie, non c'erano miglioramenti.

Era quasi Natale. Da quando mia madre se n'è andata, quello è diventato un periodo di grande malinconia. Ogni volta che guardavo Alice mi domandavo se sarebbe stata ancora con me durante le feste, proprio come mi accadeva con mamma il suo ultimo anno. Anche lei soffriva di gravi crisi respiratorie e, quando capitavano ad Alice, i ricordi di quei momenti bui tornavano a farmi visita come fantasmi.

Quell'anno, poi, sarebbe stato particolarmente difficile, perché eravamo di nuovo in lockdown e non avrei potuto fare la consueta cena della vigilia con papà.

Riversai tutto il mio affetto su Alice.

Lei, però, piano piano si stava spegnendo; quando l'avevamo trovata, mesi prima, si era ripresa miracolosamente e non riuscivo ad accettare che stavolta fosse diverso.

Arrivò Natale e lei era ancora con me. Fu una grande consolazione.

Quel giorno pranzai da solo, Cristina sarebbe venuta da me solo la sera, ma ero in compagnia di Alice e degli altri ricci disabili: Jack, Pipino, Soffia e Lella.

I ricci non sanno cosa sia il Natale, certo, ma feci di

tutto perché anche per loro fosse una giornata diversa, arricchendo il menu con un po' di pollo e qualche insetto. Da tanti anni loro sono la mia ragione di vita e vedermeli intorno leniva quella malinconia per la famiglia perduta che sotto le feste si faceva sentire di più.

Fu un momento sereno che mi fece rivivere l'ultimo Natale passato con mia madre. Nel pomeriggio ero andato a trovarla in ospedale; mentre raggiungevo il reparto, mi sentivo felice di passare quel giorno speciale con lei e allo stesso tempo sapevo che purtroppo non ce ne sarebbero stati altri. Mamma mi stava aspettando nell'ampio corridoio, di fronte a una grande finestra incorniciata da un arco, da cui si vedevano in lontananza le montagne innevate.

Era stata una giornata di condivisione e vicinanza. Ne conservo nel cuore l'ultima immagine: io e lei, seduti vicini, che ci teniamo per mano e guardiamo davanti a noi i monti e il cielo incendiati da un magnifico tramonto di fine dicembre.

29

Una caldaia rotta per scaldare i cuori

Mi svegliai per il freddo, era una notte di fine dicembre.

La sera precedente, forse per le ingenti nevicate, c'erano stati cali di tensione, così pensai che fosse saltata di nuovo la luce ma, quando allungai una mano per premere l'interruttore, la stanza si illuminò.

E quindi? Corsi di sotto a controllare la caldaia. Era spenta. Provai a riavviarla, niente.

Il mio pensiero andò subito ai ricci: non possono stare al freddo, soprattutto i disabili. Feci un giro delle gabbie per controllare che tutti fossero sotto i loro pile e poi tornai a letto, senza però riuscire a prendere sonno.

Attesi con impazienza che fossero le otto e chiamai la ditta della manutenzione. Allarmato, spiegai la situazione al tecnico ma lui, imperturbabile, mi rispose che sarebbero potuti venire solo a metà della settimana successiva.

«Come?» scattai. «Questo è un ospedale, non possiamo rimanere al freddo per così tanti giorni!»

L'uomo si dichiarò solidale con me, spiegandomi però che molti dipendenti erano risultati positivi al Covid e si trovava sotto organico, con una lunga lista di caldaie da riparare.

Colto dalla rabbia, pensai che fosse una scusa e insistetti. «Ma noi non siamo come gli altri, abbiamo animali feriti...»

«La capisco benissimo», mi interruppe lui, «però non posso fare nulla.»

Cercai ancora di fare leva sulla sua sensibilità, poi alzai la voce e infine minacciai di lasciargli un pessimo feedback sui social, ma non ci fu verso di fargli cambiare idea. La conversazione si concluse con un secco: «Senta, non so proprio cosa dirle», seguito da un silenzio definitivo.

Un idraulico! Posso chiamare un idraulico generico in grado di sistemare il guasto, pensai.

Non persi tempo e iniziai la ricerca. L'unico idraulico che mi rispose mi assicurò che sarebbe venuto prima di cena e avrebbe fatto il possibile. Intanto la temperatura continuava a scendere e io ero sempre più preoccupato.

Chiesi sulla chat dei volontari del Centro se qualcuno avesse delle stufette elettriche. Poi sentii Dario, un amico ingegnere specializzato in impianti elettrici, che capì l'urgenza e si rese disponibile. «Posso venire a dare un'occhiata dopo il lavoro», mi propose.

Gli fui infinitamente grato, anche perché non abita vicino a Novello, ma intanto c'era da passare la giornata e faceva sempre più freddo.

Optai per una soluzione disperata: corsi nelle due cucine, quella di casa e quella della sala degenze, e accesi tutti i fornelli. Fu un tentativo irrazionale, me ne rendo conto, ma non sapevo davvero che pesci pigliare.

Nel pomeriggio, per fortuna prima del previsto, arrivò l'idraulico.

Diede una rapida occhiata e sentenziò: «C'è da cambiare un pezzo. Ne ho uno compatibile, il tempo di montarlo e risolviamo tutto».

«Grazie al cielo», sospirai e, non appena lui si mise al lavoro, richiamai il mio amico ingegnere, dispensandolo dal viaggio serale. Lo ringraziai ancora e tornai giù dall'idraulico.

Aveva appena finito. «Fatto», annunciò fiero, «vediamo se funziona.» Premette l'interruttore... e la caldaia non si avviò. Rimase interdetto. «Strano», mormorò. Provò di nuovo: niente. Si rimise a trafficare ma, dopo una serie di tentativi, ne uscì sconfitto. «Dottor Vacchetta», mi disse sconsolato e innervosito, «mi sa proprio che deve chiamare i tecnici della ditta.»

«Li ho già chiamati, ma non possono venire fino a metà della prossima settimana», replicai in preda allo sconforto.

«Guardi, io più di così non so proprio che cosa fare», concluse, poi si congedò imprecando contro le caldaie di nuova generazione e la tecnologia.

Era venerdì e l'ipotesi di passare il weekend al gelo si faceva sempre più concreta. Cenai con il giaccone. Appena finito, passai di nuovo in rassegna tutti i ricci e mentre scaldavo freneticamente i pad in sala degenze, udii i rintocchi della campanella all'ingresso.

Sulla porta, in mezzo alla bufera, c'era Mariella, una nostra volontaria. Era coperta di neve da capo a piedi e aveva con sé due termoventilatori.

«Ci hai portato le stufette!» esclamai entusiasta. «Siamo salvi!»

La feci entrare e subito sistemammo i due apparecchi in punti strategici. Il tempo di fare quattro chiacchiere e Mariella sparì di nuovo nella notte gelida.

Ma la mia felicità durò meno di un minuto, perché all'improvviso mi ritrovai al buio.

«Che stupido!» mi rimproverai ad alta voce correndo al contatore. Sul display c'era scritto ECCESSO DI POTENZA. Ma certo, pensai, gli scaldini! Con i due frigoriferi e un paio di luci accese, il limite dei tre kilowatt è già superato.

Tornai di sopra, spensi un termoventilatore e riavviai il contatore, dopo di che mi infilai nel letto completamente vestito.

Che strano, non fa poi così freddo, mi dissi dopo un'ora. Possibile che un solo scaldino generi tanto calore?

Mi alzai per controllare e, quando toccai il termosifone, mi accorsi che era caldo. Corsi di nuovo alla caldaia. Era accesa! Miracolo? No, forse come si era bloccata per i cali di tensione, si era riattivata quando la corrente era saltata a causa del sovraccarico. Misteri della tecnologia, comunque la faccenda sembrava risolta.

Il fine settimana passò immerso nel silenzio. Dalle finestre si vedeva la neve scendere fitta sulla valle e di tanto in tanto dovevo uscire a spalarla dalla scala che porta in giardino.

Ma lunedì mattina in casa sembrava di essere al Polo Nord: la caldaia si era di nuovo bloccata.

Chiamai la ditta di manutenzione. «Senta», dissi in tono duro, «siamo arrivati fin qui, ma non possiamo andare avanti così!»

Il tecnico ribadì quanto mi aveva detto il venerdì

precedente: «Le ho spiegato che non abbiamo personale a causa del Covid».

«Lei non si rende conto!» gridai. «Abbiamo più di cento ricci qui, non ha un po' di compassione?» Evidentemente no, perché voleva fissarmi un appuntamento per il mercoledì.

Corsi per l'ennesima volta a controllare i miei piccoli pazienti e trovai Blondie collassato per il freddo. In preda all'agitazione, gli feci una flebo tiepida e lo coprii bene. Lui piano piano si riprese ma la mia ansia peggiorò, quindi decisi di chiedere aiuto su Facebook. «'La Ninna' è al freddo», annunciai in diretta, comunicando tutta la mia disperazione ai follower.

La reazione fu immediata: ricevetti offerte di aiuto da moltissime persone. Parecchi si resero disponibili a venire anche da lontano, come un idraulico ligure che ricordo ancora. Quell'ondata di vicinanza mi fece sentire meno solo e, se non fosse stato per i ricci che soffrivano, anche meno al freddo. Temevo però che gli unici a poter fare qualcosa fossero proprio i tecnici dell'assistenza.

L'appello su Facebook arrivò anche al mio amico Davide, che si prodigò in una lunga ricerca in internet e scovò il numero di un altro centro che faceva assistenza a caldaie come la nostra. Li chiamai. Questa volta rispose una ragazza. «Cosa segnala il display della caldaia?» mi chiese.

Corsi giù a vedere. «Sensore di CO_2», risposi. Mi mise in attesa e partì una snervante musichetta natalizia. Trattenni le imprecazioni e aspettai per diversi minuti, finché la ragazza tornò in linea e mi comunicò: «Purtroppo il pezzo non è disponibile, possiamo intervenire non prima di giovedì».

«Ma è tardissimo!» sbottai io. «Come possiamo resistere senza riscaldamento? Abbiamo molti animali qui, lo sa? È pericoloso per loro!» Lei fu inflessibile; la sua apparente indifferenza mi fece saltare i nervi. «Ma non ha un cuore? Non potete abbandonarci!» gridai. Non ci fu modo di convincerla. Alla fine la salutai bruscamente e, chiudendo la telefonata, sibilai: «Che cuore di pietra insensibile».

Passai le ore che mi separavano da mezzogiorno a scaldare i pad per i ricci, con tutti i fornelli delle cucine accesi. Verso mezzogiorno e mezzo mi venne fame, aprii il frigo e la visione fu deprimente: due uova. Nient'altro.

Le immersi in un tegame d'acqua e le misi sul fuoco.

Uscii a spalare la neve e, dopo un tempo che non saprei definire, ebbi un sussulto. «Le uova!» esclamai. Entrai in casa e corsi in cucina: l'acqua era completamente evaporata e le uova, sfrigolanti sul fondo ormai nero, emanavano un tanfo insopportabile. Non so cosa mi venne in mente, non serve uno scienziato per sapere che non si versa acqua fredda su un tegame rovente, eppure è proprio ciò che feci. Quasi fosse un vulcano in eruzione, dalla pentola si sprigionò una minacciosa nuvola di vapore che mi bruciò le mani ma, soprattutto, le due uova… decollarono. Si sollevarono in verticale verso il soffitto come razzi e, se non fosse abbastanza, a mezz'aria esplosero come bombe lanciando frammenti di tuorlo contro le pareti della cucina.

Ecco, addio pranzo!

Rassegnato e con lo stomaco che brontolava, mi misi

a ripulire la stanza dal disastro. Stavo ancora raccogliendo schegge di guscio quando, nel primo pomeriggio, il telefono squillò.

«Buongiorno, dottor Vacchetta», disse tutta gentile la ragazza di prima, «ho una buona notizia. Abbiamo trovato il pezzo di ricambio, più tardi le mandiamo due tecnici. Siamo riusciti a incastrarla tra gli appuntamenti di oggi. L'ultima cosa che vorremmo è lasciare i suoi ricci al freddo.» Poi aggiunse, quasi con affetto: «Anch'io amo gli animali, sa? Non ho un cuore di pietra insensibile». Nel sentirla ripetere la mia frase velenosa in tono ironico e amichevole mi vergognai della mia impulsività.

I tecnici arrivarono di lì a poco e in men che non si dica ripararono la caldaia. Poi mi chiesero del mio lavoro e li accompagnai a fare un giro del Centro. Grato della disponibilità manifestata, regalai a entrambi una copia del mio primo libro, *25 grammi di felicità*.

Quella notte andai a letto più leggero. Pensai a Mariella con i suoi scaldini, al mio amico ingegnere disposto a guidare per molti chilometri pur di aiutarci, all'idraulico della Liguria che sarebbe venuto in soccorso da ancor più lontano, alle tante dimostrazioni di solidarietà che avevo ricevuto. E alla ragazza al telefono. Alla fine, quella fredda disavventura si era risolta con molto calore umano.

L'ultimo pensiero prima di addormentarmi fu un piccolo rimprovero per me stesso: Massimo, vecchio burbero, la prossima volta dovrai stare più attento a non giudicare le persone con troppa fretta.

30

Ultimi preparativi, ultimi ostacoli

CHE emozione! Kasya nuotava e Ivan, a bordo vasca, le faceva dei gesti, alzava la mano, la chiamava. Lei scivolava elegante fino al centro della piscina e poi tornava da lui. Allora Ivan le lanciava un gioco, una specie di anello colorato, e lei subito glielo riportava.

In un'altra ripresa lui era su una piattaforma; Kasya nuotava fin lì e poi, con uno slancio, usciva dall'acqua e saliva sulla pedana, mentre il suo allenatore la guardava come un padre orgoglioso.

Quei video mi fecero quasi venire le lacrime agli occhi. Me li inviò Amir la sera del 5 gennaio, non appena raggiunse Ivan alla Milad Tower. Avevamo deciso, infatti, di mandarlo a Teheran perché desse una mano negli ultimi preparativi prima del volo.

Assistere finalmente a quello stralcio di quotidianità di Ivan e Kasya, che fino ad allora avevo solo immaginato, fu un'emozione fortissima, sentii qualcosa sciogliersi dentro di me. Rimasi piacevolmente sorpreso dalla vitalità della delfina che, memore del terribile video in cui piangeva disperata, continuavo a pensare sempre un po' triste.

In quei giorni i due veterinari si sarebbero dovuti occupare, tra le altre cose, di una questione molto importante: come trasportare Kasya dalla Milad Tower all'aeroporto e caricarla a bordo.

L'idea era di utilizzare una cassa con una quantità d'acqua sufficiente per tenere la delfina completamente immersa. A sostenere Kasya ci sarebbe stata una specie di barella. In mare o nelle piscine, infatti, i corpi sono sottoposti a una minor forza di gravità e occorreva evitare che i suoi organi interni subissero una compressione eccessiva, potenzialmente dannosa o perfino letale.

Il problema, però, era che la cassa non passava dal portellone dell'aereo. Proponemmo di farne costruire una più stretta, ma Ivan si oppose fermamente: le pinne di Kasya, disse, non avrebbero avuto spazio e si sarebbero potute danneggiare in modo irreversibile. Inoltre, a bordo c'era poco spazio di manovra. L'unica soluzione era dunque procurarsi un'altra cassa, adatta alle dimensioni della delfina e smontabile.

Il piano era questo: avremmo trasportato Kasya all'aeroporto in un camion, dentro la cassa già pronta. Lì una squadra avrebbe montato a tempo di record l'altra cassa sull'aereo, e per concludere avremmo imbarcato la delfina, sorretta da un'imbracatura, con l'aiuto di un argano. Un'operazione degna dei migliori film d'azione.

Furono giorni di grande fermento.

Io e Carmen ci aggiornavamo eccitati di ora in ora, ci scambiavamo messaggi, ci sentivamo al telefono, scrivevamo sulla chat di gruppo.

Visto che c'ero, approfittai della presenza sul luogo di Amir per saperne di più sulla vita di Kasya e Ivan e soddisfare alcune piccole curiosità. «Amir, ma dove dorme Ivan?» chiesi un giorno. Sapevo che viveva nel delfinario, però non immaginavo come e dove di preciso.

«Ha una brandina nello spogliatoio degli allenatori, di fianco alla piscina», mi rispose Amir, «giusto il minimo spazio indispensabile. C'è una finestrella da cui può tenere d'occhio Kasya, così non la lascia mai.» Poi aggiunse: «Sai, Massimo, ho avuto una piacevole sorpresa. Ivan non è scostante e chiuso come pensavamo, è simpatico e amichevole. È solo un po' timido e non parla bene l'inglese, però è una persona molto dolce».

Ma certo, pensai, non poteva che essere così, altrimenti non avrebbe sacrificato un anno della sua vita per stare con Kasya, in quelle condizioni.

Amir concluse: «Si vede proprio che la ama follemente».

E io mi sentii ancora più vicino a quel giovane e alla sua delfina.

Ero davvero felice, tuttavia mi trattenevo: ero così abituato a contrattempi, imprevisti e ostacoli dell'ultimo minuto che non avevo il coraggio di cantare vittoria.

E il seguito della storia, ahimè, prova che non avevo torto.

D'un tratto, Ivan iniziò a fare resistenza e a porre ogni genere di problema. «Una volta a Kish Island, avrò uno spazio per me?» chiedeva. «Come farò a comunicare con persone che non parlano la mia lingua e non conoscono né me né Kasya? Potrò alloggiare nel delfinario? Ci sarà uno spazio dove sistemare le mie attrezzature mediche, preparare il cibo per Kasya e tenere i suoi giochi?»

Quando ormai eravamo a un passo dall'epilogo di quella lunga epopea, proprio lui, che più di tutti aveva sollevato preoccupazioni sulla permanenza della delfina alla Milad Tower, sembrava voler tornare sui suoi passi.

Amir, Carmen e io restammo spiazzati.

Poi, il direttore di Kish Island annunciò che di Kasya si sarebbero occupati i veterinari e gli allenatori del delfinario, perciò non ci sarebbe più stato bisogno di Ivan.

Figurarsi la sua reazione!

«Non se ne parla proprio!» ci scrisse infuriato. «Devo esserci io con lei, avrà bisogno di me per tutto il periodo di adattamento al nuovo ambiente. Come ben sapete, le sue condizioni fisiche sono precarie e con lo stress del cambiamento potrebbe ammalarsi di nuovo. Solo io conosco a fondo le sue problematiche. E poi nella struttura non ci sono veterinari residenti.»

Non lo biasimavo, anche per me era inconcepibile separarli. Farlo avrebbe inflitto un grande dolore a Ivan, certo, ma soprattutto alla delfina. Pur essendo un animale selvatico, infatti, Kasya era molto affezionata al suo allenatore, così come un cane lo è al suo compagno umano. Non si poteva non tenerne conto.

D'altra parte, però, ero convinto che per nessuna ragione al mondo avremmo dovuto perdere l'occasione di quel volo, e come me la pensavano tutti gli altri. Lo stesso Homayon, sulle prime il più scettico riguardo alla soluzione di Kish Island, mi pregò di fare pressione su Ivan perché non creasse ostacoli.

Ne parlai allora con Carmen, il cui carattere pragmatico e razionale bilancia il mio, più emotivo e istintivo, e insieme giungemmo a una soluzione che spiegai a Ivan.

«Chiediamo ad Amir di rimanere lì con te, così potrà aiutarti a trovare un alloggio. Tu sarai il nostro uomo, e ti faremo raggiungere dai veterinari di Carmen, Marco e Manuel, in modo che anche loro possano valutare la situazione. Tu, però, dovrai sforzarti di essere collaborativo. Non potrai vivere nel delfinario, è vero, però potrai stare con Kasya tutto il tempo che vorrai.»

Ci vollero centinaia di messaggi, ma alla fine venerdì, a soli due giorni dalla partenza, lo convinsi.

Tutto il gruppo tirò un sospiro di sollievo.

Sabato, però, arrivò la notizia che la compagnia aerea del proprietario di Kish Island doveva rimandare il volo al lunedì successivo, a causa di problemi tecnici. Ormai gli intoppi dell'ultimo momento erano stati così tanti che incassammo il colpo senza troppo patire. In fondo, un giorno in più non avrebbe fatto alcuna differenza.

Invece, Homayon si spazientì e ci rovesciò addosso una cascata di problematiche. «Kasya è già stata messa a digiuno per il viaggio, non le fa certo bene restare senza cibo. E nel delfinario sta finendo il gasolio per il riscaldamento. E sul tendone che ricopre la vasca c'è uno squarcio. La temperatura è ogni giorno più bassa! Le condizioni di quel posto peggiorano di ora in ora, si è pure usurato il filtro dell'acqua. È pericoloso per lei rimanere lì.»

Amir, il diplomatico del gruppo, cercò di ridimensionare la sua reazione, ma non servì a nulla, perché da Kish Island ci comunicarono che il volo era rimandato di altre ventiquattro ore.

Ovviamente Homayon non la prese per niente bene, e aggiunse al carico le sue rinnovate perplessità sul delfinario dell'isola.

Ma questo fu niente in confronto alla reazione che ebbe il giorno dopo, quando la compagnia aerea ci informò che il volo era stato di nuovo posticipato... alla domenica successiva. Il problema era che Kasya doveva viaggiare da sola, senza passeggeri umani a bordo, quindi aspettavano una giornata propizia. Inoltre, per rimontare i sedili al termine dell'operazione ci sarebbe voluto tempo; questo rischiava di far slittare il volo successivo, con conseguente perdita di troppe prenotazioni.

«Ci prendono in giro, non hanno alcun interesse per Kasya! Mica possiamo rimetterla a digiuno ogni volta che loro cambiano i piani!» Homayon si arrabbiò a tal punto che decise di non lasciar più andare la delfina e di tenerla alla Milad Tower fino all'estate successiva, per poi cercare una soluzione migliore.

Amir, che più di tutti aveva ascendente su Homayon, mi riferì che questa volta lo aveva sentito davvero irremovibile.

Fu il panico generale. Carmen, intestataria del contratto con Kish Island, esasperata dalle difficoltà, minacciò di lasciare il gruppo. Sembrava di nuovo tutto perduto, eppure non volevo darmi per vinto.

Scrissi molti messaggi a Homayon. Gli dissi che quella era la nostra ultima possibilità e se l'avessimo persa allora sì che Kasya sarebbe morta, ma nel delfinario di Teheran, e la responsabilità sarebbe stata sua.

Lui mi rispose a tono: «E se invece muore in volo o a Kish Island, te la prendi tu la responsabilità?»

«Sì», ribattei, «assolutamente sì.»

Così, dopo un'altra notte insonne in cui superai me stesso in fatto di diplomazia, Homayon capitolò. In cuor mio, però, sapevo bene che non aveva tutti i torti. E se il volo fosse stato nuovamente rimandato?

Non persi tempo e chiamai Amir. «Lasciamo perdere questa compagnia aerea», gli dissi. «Il tempo stringe e ormai il delfinario della Milad Tower è in pessime condizioni, dobbiamo trovare un'altra soluzione. Che ne dici di riprovare con la Pouya Air?»

Amir si attivò immediatamente e poco dopo mi richiamò. «La compagnia è ancora disponibile», mi informò. «Il primo volo è il 14 gennaio, cioè fra due giorni.»

Non esitai un attimo, e con quella prenotazione fu davvero tutto sistemato.

Almeno fuori, perché dentro di me ero a terra. Solo pochi giorni prima, infatti, al Centro era accaduto qualcosa che offuscava la mia felicità per Kasya.

31
Gioia e dolore

«PERCHÉ non provi con l'estratto di cannabis?» mi consigliò Elvira, una volontaria abruzzese che si prende cura di una colonia di ricci nella sua zona. Era stata lei a contattarmi per un parere, poi con il tempo avevamo stretto amicizia e a poco a poco eravamo entrati in confidenza. Quando le parlai di Alice, delle sue gravi condizioni di salute e della paura che avevo di perderla, mi spiegò che la cannabis a uso terapeutico poteva esserle di giovamento per la funzione respiratoria e per lenire in parte il dolore.

Abituato da vent'anni alla medicina tradizionale, sulle prime ero piuttosto scettico, ma la realtà era che Alice aveva smesso di reagire ai farmaci e ormai le somministravo solo una terapia di sostegno coadiuvata da aerosol e ossigeno. Negli ultimi giorni, poi, mangiava sempre meno. Facevo di tutto per cercare di aiutarla, ma niente sembrava funzionare. In quei momenti mi tornavano in mente gli ultimi giorni di vita di mia madre, quando, senza riuscirci, mi adoperavo per darle un po' di sollievo. «Massimo, aprimi un po' la finestra, per favore», mi chiedeva con un filo di voce. «Chiama l'infermiera... Sistemami il cuscino, ti prego...»

Così decisi di seguire il consiglio di Elvira e, in effetti, nel giro di qualche giorno la nuova cura sembrò funzionare. Forse era solo suggestione, ma mi parve che Alice si stabilizzasse e soffrisse meno.

Fino al 6 gennaio.

Per l'Epifania organizzammo una diretta su Facebook in sostituzione del Riccio Day. Mentre negli anni precedenti la tradizionale festa del Centro si era svolta in presenza, a causa del Covid dovemmo ripiegare su un incontro virtuale. Avevamo in programma performance di amici musicisti e disegnatori, inoltre volevamo far raccontare da alcuni nostri follower una personale storia di vita vissuta con protagonisti gli animali. Fu una preziosa occasione per stare qualche ora tutti insieme nonostante la distanza forzata.

Per me, però, fu anche un momento durissimo.

Proprio quel giorno, le condizioni di Alice iniziarono a precipitare. Quelle tre ore di diretta si trasformarono in un incubo, poiché dovevo allontanarmi di continuo dallo schermo per controllare l'andamento delle sue crisi respiratorie. Ogni volta che andavo da lei avevo il terrore di trovarla morta. Quando l'evento finì ero stremato, mi buttai sul divano accanto ad Alice e non la lasciai più per tutta la notte.

Nei due giorni successivi non andò meglio: la piccola smise del tutto di mangiare. Capii che eravamo giunti alla fine e l'unica cosa che potevo fare, ormai, era starle vicino.

È quello che avrei voluto fosse successo con mia madre, ma purtroppo i suoi ultimi istanti l'avevano colta all'improvviso proprio quando mi ero allontanato dall'ospedale per dormire qualche ora. Ho sempre avuto il rimpianto di non esserle stato accanto mentre se ne andava.

Arrivò la notte del 9 gennaio. All'una fui travolto dalla stanchezza e dalla prostrazione, misi la sveglia di lì a un'ora e mi sdraiai sul divano. Quando suonò mi alzai di scatto, con il fiato corto e il cuore che batteva all'impazzata. Corsi subito alla gabbia e alzai il pile che ricopriva Alice. E mi ritrovai di fronte l'immagine che tante volte avevo visto prima, ma che, trattandosi di lei, mi lasciò senza fiato: giaceva accanto al pad, gli aculei ritti sulla schiena, il corpo rigido e senza vita.

Questa volta se n'era andata davvero.

«Alice», sussurrai affranto, «no...» e piansi. Piansi finché non ebbi più lacrime, fino all'alba.

Com'è bizzarro il destino: quelli sarebbero dovuti essere giorni speciali perché, dopo quasi un anno di traversie, era finalmente giunto il momento del volo di Kasya verso Kish Island. Si può essere al contempo felici e addolorati, dilaniati dal dolore e travolti dalla gioia? Da un lato ero completamente assorbito da Kasya e dai preparativi per la sua partenza, dall'altro ero in ostaggio del dispiacere per Alice.

Lasciai la gabbia intatta, con le sue copertine, il pad riscaldante e tutte le medicine appoggiate sopra. Ogni volta che ci passavo vicino, mi sembrava di averla ancora con me. Ci volle più di un mese perché mi decidessi a toglierla dal tavolo della cucina, finché un giorno capii che avevo lasciato andare Alice. Mi sarebbe mancata per sempre, però finalmente era in pace.

Stavo dunque vivendo i giorni di due diversi voli, entrambi diretti verso la libertà: quello di Alice, che poneva fine alle sofferenze fisiche, e quello di Kasya, che poneva fine alla solitudine e le avrebbe regalato una nuova esistenza. La vita e la morte non mi erano mai apparse così vicine.

32
Il volo

La vigilia del trasferimento di Kasya passò tranquilla. La tanto temuta telefonata di Amir, foriera di un problema dell'ultimo minuto, non arrivò. Nonostante ciò, la notte non chiusi occhio, continuavo a rigirarmi nel letto in preda a eccitazione e inquietudine. Nell'ultimo mese avevamo camminato ogni giorno sul filo del rasoio, e adesso che c'eravamo davvero non riuscivo a contenere i miei sentimenti. Il momento tanto sognato e agognato, che a causa di infiniti imprevisti e ostacoli sembrava non dovesse arrivare mai, era dietro l'angolo, a una manciata di ore.

Solo alle prime luci dell'alba, quando finalmente i pensieri tormentati si placarono, mi addormentai.

Ma fu per poco.

Alle nove in punto squillò il cellulare, balzai di scatto sul letto e lanciai un'occhiata al display. Lessi il nome e trasalii: Amir.

Cosa vorrà a quest'ora? Eravamo rimasti d'accordo che mi avrebbe chiamato solo al momento del decollo, pensai. Non appena sentii il tono della sua voce percepii che qualcosa non andava. «Buongiorno Massimo, abbiamo un problema», esordì mestamente.

«Che cosa succede questa volta?»

«Kasya non si lascia catturare, ha visto degli estranei e si è insospettita. Sono ore che Ivan sta cercando di avvicinarla, ma niente. Non possiamo nemmeno attirarla con il cibo perché deve stare a digiuno per il viaggio.»

«Ma non l'avete sedata?»

«Sì, però abbiamo dovuto somministrarle una dose leggera, per evitare problemi respiratori durante il volo.»

«E allora? Che cosa possiamo fare?» chiesi.

Amir esitò un attimo, poi sospirò. «Dobbiamo svuotare la piscina.»

«Svuotare la piscina? Ma ci vorrà un sacco di tempo, l'aereo parte a mezzogiorno, non possia...»

«Abbiamo piazzato tre pompe idrovore», mi interruppe lui, «ci metteremo due ore. Abbiamo spostato il volo alle 16, dobbiamo farcela.»

Rimasi qualche secondo in silenzio. «Quanto è profonda la vasca?» domandai poi.

«Cinque metri.»

«Santo cielo! Ok, tienimi aggiornato.»

Quando chiusi la telefonata fui invaso dai pensieri negativi. Ancora una volta, il destino avverso sembrava averci messo lo zampino.

Per fortuna, un'ora dopo Amir mi confermò che erano a metà dell'opera e promise di richiamarmi non appena sistemata Kasya sul camion. Erano le 10 del mattino, le 12 a Teheran.

Provai a concentrarmi sul lavoro al Centro per stemperare la tensione dell'attesa. Le ore passavano lente mentre la mia inquietudine cresceva. Immaginai la delicata operazione di cattura della delfina, la vidi dimenarsi nell'acqua bassa mentre Ivan e i volontari cercavano di metterla all'angolo con una rete. Percepii tutta la sua paura.

Le scene scorrevano veloci davanti ai miei occhi come in un film. In un fotogramma vidi Ivan che tentava di afferrare Kasya in un abbraccio che serviva più a rassicurarla che a contenerla, mentre i volontari le infilavano sotto la pancia il telo per sollevarla. Poi la corda del verricello si tendeva fin quasi a spezzarsi, strattonata dai movimenti convulsi della delfina. Sospeso a mezz'aria, il corpo lucido si contorceva sorretto da una decina di braccia che ne accompagnavano la salita verso il bordo della piscina. Infine, un altro gruppo di persone afferrava ai lati quella barella improvvisata e a fatica la trasportava verso il container di un camion.

Ancora un flash, un'immagine di Kasya che veniva depositata nella piccola vasca riempita a metà di acqua. Avvertii tutta la sua angoscia, mentre si ribaltava su un fianco in preda a una crisi di claustrofobia.

Mi sembrava di percepire le mani di Ivan e di Amir che le tenevano delicatamente ma con decisione le pinne. «Stai tranquilla», le sussurravano, «siamo qui con te, va tutto bene.» Sentii il suo cuore spaventato battere all'impazzata nel mio petto e poi piano piano calmarsi sotto le carezze del suo allenatore e amico di sempre, mentre il camion si avviava verso l'aeroporto.

Guardai l'ora: le 15, e ancora nessuna notizia da Amir. Gli mandai un messaggio ma non ricevetti risposta. Lasciai passare un'altra decina di minuti e provai a chiamarlo;

il telefono che suonava a vuoto aumentò la mia preoccupazione.

E se si fosse fatta male mentre cercavano di prenderla? Che sia successo qualcosa di grave e non abbiano il coraggio di dirmelo? Non sarà mica... non sarà mica... Non voglio nemmeno pensarci.

Mentre mi arrovellavo in quei pensieri cupi il cellulare squillò e mi ci buttai sopra. «Pronto...»

«Ciao Massimo! Scusa il disturbo, volevo chiederti una cosa...» Era una volontaria, che iniziò a parlare di una questione relativa al Centro, ma non riuscii a seguire una parola. La mia mente era altrove, a quattromila chilometri di distanza.

Nel bel mezzo di quel monologo, si sovrappose un'altra chiamata. Era Carmen. Interruppi bruscamente la conversazione con la volontaria e le risposi con il fiato sospeso.

«Massimo, sai cos'è successo?»

«No, Carmen, che cosa è successo?» chiesi in preda al panico.

«Ma non sai nulla?» incalzò lei.

«No! Per favore, dimmi!» quasi le urlai.

«Kasya! È in salvo, Massimo! È sull'aereo.»

«Mannaggia a te! Non potevi dirmelo subito? Mi stavi facendo morire!»

«Ho parlato con Amir, ce l'hanno fatta... Ce l'abbiamo fatta, Massimo!»

Sentii il cuore sollevarsi in un'ondata di gioia indescrivibile. Un sogno che sembrava irrealizzabile si era appena materializzato.

Una notifica del cellulare mi riportò al presente. Era una foto, un'immagine incredibile: nella carlinga di un aereo a cui era stata tolta una fila di sedili, la delfina giaceva in una piccola vasca. Attorno a lei, le figure rassicuranti di Ivan, Amir, alcuni volontari e il pilota.

Subito dopo, un'altra notifica. Questa volta era un messaggio vocale di Amir. «Ciao Massimo, siamo sull'aereo con Kasya, mancano dieci minuti al decollo, è tutto ok.»

Non furono tanto le sue parole a colpirmi, quanto piuttosto il rombo delle turbine dell'aereo spinte al massimo della potenza, come il mio livello di euforia. Quel rumore assordante era la prova tangibile che era tutto vero: dopo tanto tempo, Kasya stava per volare verso la salvezza.

Passai altre tre ore di tensione, il tempo per l'aereo di raggiungere Kish Island e atterrare.

Un'altra notifica, questa volta un video. Dalle immagini traspariva un'atmosfera più rilassata, la vasca con la delfina si trovava su un camioncino con il cassone aperto e intorno a lei, con Amir e Ivan, un gruppo di volontari le teneva compagnia cantando. C'era un'aria vacanziera, mi sembrava di sentire tra i capelli l'aria tiepida del mare.

Poi il camion entrava in una zona verde, il parco che circonda il delfinario. Bastò quella vista a cancellare dalla mente e dal cuore il grigio della Milad Tower.

Tirai un lungo sospiro di sollievo. Sì, pensai, la delfina sta andando verso una vita più felice.

Quando guardai di nuovo l'orologio erano le 22. Ormai Kasya starà sguazzando serena nella sua nuova piscina, mi dissi. Mi sentivo leggero, rilassato, come da tanto non mi accadeva. La nuova libertà di Kasya riusciva addirittura a lenire il dolore per la perdita di Alice.

Mi sedetti sul letto e rimasi così, immobile, ad assaporare ancora per qualche istante quella giornata lunga ed emozionante. Mentre stavo per coricarmi riposi il cellulare sul comodino e mi accorsi di una nuova notifica. Sorrisi all'idea di un altro video di Kasya, e in effetti il messaggio era di Ivan.

«Massimo», scriveva, «Kasya non sta bene, si comporta in modo molto strano. Non l'ho mai vista così, sono davvero preoccupato.»

In una frazione di secondo la mia gioia fu spazzata via. «È in pericolo?» chiesi.

«Non lo so, potrebbe», rispose lui.

Il tempo si fermò lasciandomi in apnea.

Non era finita. Eravamo di nuovo sull'orlo del precipizio.

33

Nuova vita a Kish Island

Kasya stava in posizione verticale, come il galleggiante di una canna da pesca, la testa fuori dall'acqua, il resto del corpo immerso e quasi immobile.

«Nuota a fatica e quando tenta di immergersi rimane rigida a testa in giù, con la coda dritta. Non so proprio cosa possa avere», mi scrisse Ivan quella sera per accompagnare il video che mi mandò.

«Non è che ha subito qualche trauma durante il trasporto, magari nel trasferimento dall'aereo al camion, oppure dal camion alla piscina?» domandai.

«Non direi», rispose Ivan.

Poi Amir scrisse che mentre la facevano scivolare nella vasca, gli sembrava che avesse sbattuto una pinna, però non ne era sicuro. Temetti che potesse aver subito una lesione alla colonna vertebrale, ma loro non erano di questa idea.

Nel giro di pochi minuti quella serata felice si trasformò in una notte insonne e travagliata. Secondo Manuel e Marco, i due veterinari consulenti di Carmen, poteva trattarsi di un problema muscolare, mentre Homayon credeva che lo strano comportamento fosse causato dallo stress del viaggio e dal fatto che Kasya si era ritrovata in un ambiente sconosciuto. Anche Ivan propendeva per questa ipotesi, pur sostenendo che nemmeno quando l'avevano trasferita al delfinario di Teheran l'aveva vista così.

Eravamo tutti sulle spine.

Verso mezzanotte le condizioni di Kasya erano invariate. Andammo avanti così, di messaggio in messaggio, fino alle quattro del mattino. Poi, stremato, decisi che l'unica cosa utile da fare era cercare di dormire un po', per essere lucido l'indomani.

Mi svegliai dopo un sonno leggero e agitato. Non avevo nemmeno il coraggio di chiedere notizie, poi alla fine mi decisi. Ivan mi riferì che Kasya sembrava leggermente migliorata; aveva ripreso a nuotare, ma spesso si rimetteva in quella strana posizione verticale.

Il video che allegò mi fece soffrire come non mai. L'ultima cosa al mondo che mi sarei aspettato era vederla stare male – che si trattasse di stress o di un trauma – proprio a causa del trasferimento per cui avevamo a lungo combattuto.

Passammo la giornata a scambiarci pareri, senza riuscire a trovare una spiegazione a quel comportamento così strano.

«Almeno ha ricominciato a mangiare?» mi informai con Ivan.

«Un po' sì», mi rispose, «ma data la situazione non voglio appesantirle lo stomaco. Non so cosa fare.»

Insomma, brancolavamo nel buio. Non avendo modo

di effettuare una diagnosi precisa, decidemmo di aspettare un paio di giorni.

L'attesa fu penosa, ma il terzo giorno Kasya iniziò a mostrare i primi segni di miglioramento: riprese a mangiare di gusto e a nuotare più a lungo. Questo ci confermò l'idea che il suo malessere fosse stato causato dallo stress e potemmo finalmente tirare il fiato.

Era giunta l'ora di comunicare la grande notizia sui social e la reazione fu sorprendente, dato che finì addirittura su alcuni telegiornali nazionali. Incentivati dall'interesse suscitato dalla vicenda, iniziammo a trasmettere delle dirette per mostrare al pubblico la nuova vita di Kasya e in generale per far conoscere il mondo dei delfini.

Con mia piacevole sorpresa, Kasya non dovette fare il periodo di quarantena e fu messa in vasca con una delfina e il suo cucciolo di nemmeno un anno, Danny. Aveva un tale bisogno di compagnia, dopo tanta solitudine, che fece subito amicizia con il piccolo; lo cercava e tendeva a stargli sempre vicino, al punto da suscitare per un attimo la gelosia della mamma. Ma per fortuna fu solo uno screzio temporaneo. Amir mi mandò un video in cui Kasya lo attendeva all'ingresso della vasca dove il piccolo si stava allenando e un altro in cui i due delfini nuotavano fianco a fianco. Fu un'emozione fortissima vederla finalmente socializzare con i suoi simili, com'è nella natura di questi animali che, in libertà, vivono in gruppi dai quali non si separano talora per tutta la vita.

Ivan trascorreva tutto il giorno con lei e piano piano la delfina riprese ad allenarsi con la consueta energia. Il passo successivo era farle conoscere gli altri suoi simili che vivevano nelle vasche adiacenti; per raggiungerli avrebbe dovuto nuotare in stretti corridoi, dei quali però aveva paura. Ci volle un mesetto ma, un metro alla volta, Kasya si liberò dei suoi timori e poté conoscere gli altri delfini. All'inizio due maschi manifestarono insofferenza nei confronti della nuova arrivata, ma in capo a una settimana la accettarono e lei si integrò nel gruppo.

Ivan mi confidò che non aveva mai visto Kasya così bella. «I suoi occhi sono tornati vispi, curiosi», mi disse. «La sua pelle non è mai stata così lucente. Sta davvero bene.»

E io mi sentii appagato, anche se in cuor mio sapevo che quello era solo il primo passo.

Adesso Kasya era felice perché non era più sola, ma la sua vita era pur sempre confinata in un delfinario. Il sogno di Ivan e di tutti noi era ridarle la libertà nel suo ambiente originario, il Mar Nero.

Purtroppo, per un delfino che si trova da tanti anni in cattività il successo del percorso riabilitativo non è scontato. Occorrono diversi mesi in un recinto in mare, il cosiddetto *sea pen*, durante i quali deve riacquistare l'istinto della caccia e disabituarsi progressivamente alla presenza umana. Secondo gli esperti Kasya può essere ancora in tempo, dato che è stata catturata dieci anni fa. Non è sicuro che possa farcela, ma vale la pena tentare.

I centri di recupero per delfini sono pochissimi nel mondo, e in Europa non esistono proprio. Dobbiamo rimboccarci le maniche, se vogliamo che Kish Island sia solo una tappa del viaggio di Kasya verso la libertà.

La battaglia non è ancora finita...

34
Effetto domino

Come ogni mattina, mentre davo da mangiare a Blondie presi il tablet per controllare la mia casella di posta. L'occhio mi cadde su un nome, Raffaella, cara amica nonché ex sindaco di un piccolo paese in provincia di Novara. Incuriosito, aprii l'e-mail e mi trovai di fronte una lunga lettera. La lessi con un po' di fretta, per poi proseguire con gli altri messaggi arrivati nella giornata precedente.

Risistemato Blondie nel suo nido di pile, mi occupai come al solito delle terapie, ma le parole di Raffaella mi riecheggiavano nella mente con insistenza, così decisi di rileggere ciò che mi aveva inviato.

Mi parlava dell'amore per i ricci che la accompagnava dall'infanzia e di come non l'avesse mai condiviso con nessuno perché non trovava interesse tra gli amici. Poi era venuta a sapere del nostro Centro e aveva capito di non essere sola. Questo le aveva dato il coraggio di esprimere la sua passione e di fare qualcosa di concreto, dapprima per i ricci, poi, quando ne aveva avuto l'occasione, per una bimba cieca che come sindaco si era trovata ad aiutare.

Aveva sentito che quella piccola, che chiamava Luce,

era per lei ciò che Ninna era stata per me, l'incontro che permette di cambiare la propria vita e di darle un senso, aiutando i più bisognosi, che si tratti di un bambino o di un riccetto orfano.

Molte volte mi sono chiesto come mai le persone ci seguono sui social, e ancora di più cosa le spinga ad attivarsi, a partecipare con entusiasmo alle iniziative di solidarietà nei confronti dei più deboli, o addirittura a promuoverle mettendosi in prima linea. E alla fine mi sono dato una risposta, che se anche non è universalmente valida, di sicuro è ciò che riscontro nel mio quotidiano: il motore di tutto è la compassione. E più è grande, intensa e pura, più contagia il prossimo. Passione e compassione riaccendono, anche in chi per il momento è solo spettatore, sentimenti sopiti in fondo al cuore. Ed è a quel punto che si prende coraggio, si supera l'inerzia, quel vago senso di impotenza che permea la nostra vita, magari la pigrizia, e ci si mette in gioco. Il bene fa da catalizzatore per altro bene, la rete della solidarietà si espande in ogni direzione come le tessere di un domino. Capita così che dall'operazione per salvare una delfina si partecipi alla costruzione del primo ospedale per cani randagi in Iran, su richiesta di Mammad, segretario del console. Ma questa è un'altra storia…

Altrettanto importante è creare ponti tra le associazioni che a vario titolo si occupano dei più deboli; spesso da soli si può fare poco, mentre la collaborazione porta a risultati straordinari. E non importa se si parlano lingue diverse, se si vive in parti distanti del pianeta, se la cultura non è la stessa. Anzi, la varietà di pensiero aiuta a trovare soluzioni. Quando si lavora per il bene comune, per salvaguardare la natura martoriata in tutti gli aspetti che purtroppo vediamo ogni giorno, le divisioni e le fazioni opposte non servono; serve invece il confronto civile, che permette di scalare montagne altrimenti insormontabili. Da soli non si arriva da nessuna parte, insieme si cambia il mondo!

Tutto questo porta anche un ritorno personale, un arricchimento interiore che invece rimanendo chiusi nella propria vita e nella propria casa – metaforicamente parlando – non si può ottenere. È giunta l'ora di fondare la nostra vita su valori come la solidarietà, la relazione tra le persone, il rispetto per tutto ciò che ci circonda, non solo per gli altri esseri umani, ma anche per gli animali, dal più grande al più piccolo, e per l'ambiente che ci ospita. Il consumismo deve avere vita breve, se non vogliamo che il pianeta si trasformi irreversibilmente in un deserto inospitale.

Per fare questo però è necessario che ciascuno di noi esca dai limiti della propria vita e si sforzi di avere una visione più ampia, cosmica, oserei dire. Nel bene e nel male tutto è collegato, e se è vero che la rete della solidarietà raggiunge risultati inimmaginabili per un singolo, è altrettanto vero che gli eventi catastrofici causati in modo diretto o indiretto dall'uomo non interessano solo il luogo in cui si manifestano, ma alla lunga l'intero pianeta, quindi tutti noi. Dovremmo abituarci a ragionare così, a vedere con gli occhi della mente e del cuore che c'è una trama che avvolge tutto, e ogni singolo filo è importante.

Penso anche ai luoghi dove gli animali vengono tenuti segregati e in tanti casi fatti lavorare per il divertimento umano; anche dove non si può parlare di maltrattamento, la vita che conducono è davvero grama. In un delfinario, per esempio, le vasche sono piccole, le interazioni sociali molto ridotte, occorrono allenamenti prolungati per far fronte alla noia e scongiurare l'obesità causata dallo scarso spazio di movimento, e l'aspettativa di vita di un delfino è di gran lunga inferiore a quella di un esemplare nel suo ambiente naturale.

Cristina e io abbiamo pensato di andare a trovare Kasya a Kish Island, ma poi ci siamo detti che in qualche modo la nostra visita avrebbe contribuito ad alimentare il business dei delfinari e quindi abbiamo deciso di rinunciare, consci che ciascuno deve fare la propria parte.

Questo periodo così dolorosamente segnato dalla pandemia ci ha insegnato che non serve uscire di casa e consumare per sentirsi vivi, attivi e utili. Anche stando chiusi tra quattro mura – questa volta in senso fisico e non metaforico – si può allargare lo sguardo oltre l'orizzonte, a migliaia di chilometri di distanza; si può dialogare con persone molto diverse da noi, ma che in fondo così diverse non sono; si può provare soddisfazione nel salvare una vita e sentirsi ricchi di sentimenti, di rapporti umani. Magari in debito di sonno, stanchi fisicamente e mentalmente, ma appagati come un'apericena o un abito nuovo non potrebbero mai farci sentire.

Mentre scrivevo questo capitolo il mio amato Blondie è volato via. Se da un lato so che la sua malattia era degenerativa e quindi la fine era inevitabile, dall'altro provo un dolore profondo. Era il più bisognoso, ed è stato fino all'ultimo amato e coccolato. Un piccolo animale agli occhi di molti insignificante, una vita degna di rispetto e di tutte le cure possibili ai nostri occhi.

Ciao Blondino, non ti dimenticherò mai.

Epilogo
Il regalo

RIAPRO gli occhi.

Un anno ha appena attraversato la mia mente come un torrente in piena. Mi alzo e d'istinto mi dirigo verso la camera da letto. Dal comò nell'angolo a sinistra quattro bambole abbracciate mi osservano immobili con i loro lineamenti delicati e senza età. Spiccano gli occhi azzurri di quella più al centro, una bambola di plastica dai capelli biondi che avevo trovato da bambino, gettata da qualcuno come un oggetto inutile. Ricordi? L'avevo portata a casa, lavata, pettinata e rivestita con una mia magliettina di lana di quando ero piccolo, e te l'avevo donata. Tu non eri solo la mia mamma, ma anche una sorella, infatti ti chiamavo Franca. Tra noi solo diciassette anni di differenza, in fondo eravamo due ragazzini.

Mi siedo sul bordo del letto ancora coperto dal candido piumone che ti aveva tenuta al caldo l'ultimo inverno. Allungo una mano verso il comodino e apro il cassetto; ripiegati con cura in una cartellina, trovo tutti gli articoli che parlano di me e dei miei ricci. Poi, sotto, un piccolo raccoglitore di fotografie dalla copertina gialla attira la mia attenzione. Inizio a sfogliarlo, sono le immagini della tua ultima vacanza. Eri per la seconda volta alle Canarie con le tue colleghe e amiche. Amavi davvero quel luogo!

Tu all'ingresso dell'hotel con le valigie; insieme al gruppo mentre fate shopping nella via principale; tu con le amiche a prendere il sole sulla spiaggia... La tua espressione sempre un po' malinconica, specchio della sofferenza che ti portavi dentro e io non sapevo come lenire.

Continuo a far scorrere le fotografie, fino all'ultima. Resto a guardarla stupito, questa è diversa dalle altre. Qui ci sei solo tu, che mi fissi con l'intensità dei tuoi occhi verdi e finalmente mi sorridi felice, quasi volessi dirmi qualcosa.

Non potevo immaginare regalo più bello per il mio compleanno. Allora ti è piaciuto, mamma, quello che ti ho raccontato!

SOS riccio: le regole per salvargli la vita

I RICCI non se la passano bene. Da noi, come nel resto dell'Europa, sono in forte declino, tanto che sono stati inseriti nella lista degli animali a rischio di estinzione. Le cause principali sono la perdita e il frazionamento dell'habitat, causati dall'espansione esasperata delle monocolture e dalla cementificazione selvaggia, e il drammatico calo della popolazione di insetti causata dai veleni sparsi dall'uomo, senza dimenticare l'interazione con le attività antropiche. Secondo una stima fatta in Germania, sono oltre centomila i ricci uccisi ogni anno sulle strade.

È tempo di invertire la rotta, se vogliamo che queste splendide creature continuino a godere con noi del nostro straordinario e maltrattato pianeta.

Ecco un decalogo delle cose da fare e da evitare quando si incontra un riccio.

10 COSE DA FARE

1. Andate subito in un CRAS (Centro recupero animali selvatici). Avete trovato un riccio ferito o in difficoltà? Procuratevi un paio di guanti, o qualcosa per coprirvi le mani (il riccio punge! raramente morde), mettetelo in una scatola o in un trasportino per gatti e consegnatelo immediatamente a un CRAS o al servizio veterinario dell'ASL.

Lasciate perdere il fai da te, potreste commettere errori fatali e sprecare tempo prezioso per salvarlo. Potete trovare il centro di recupero a voi più vicino digitando su Internet la sigla CRAS e il nome della vostra regione o città.

2. Fermatevi a soccorrerli sulle strade. Se vedete un riccio immobile sul ciglio della strada, avvicinatevi con cautela e accertatevi che non si sia fatto male. Spesso sono solo spaventati e, per difendersi, si appallottolano.

Se rimangono «aperti» o il sangue cola dal naso e dalla bocca o hanno sangue visibile sul resto del corpo, oppure se quando si appallottolano una zampa sporge fuori, significa che sono feriti e vanno soccorsi subito.

Se, al contrario, si chiudono completamente, sono reattivi e non presentano tagli o altro, spostateli in una vicina area verde, per esempio un prato, che non sia oltre i 100-200 metri dal luogo dove li avete trovati: potrebbero essere femmine con i cuccioli che le attendono nel nido.

3. Tenete d'occhio i cuccioli in autunno. Se il riccio non ha raggiunto almeno i 600 grammi di peso (quando è appallottolato ha le dimensioni di un grosso pompelmo), gli sarà difficile andare in letargo e superare l'inverno.

Se da ottobre in poi trovate un riccetto che non risponde a questo fondamentale requisito, aiutatelo, sapendo che:

- se è sotto i 400 grammi va assolutamente recuperato;
- se è tra i 400 e i 600 grammi occorre valutare la situazione, sentendo il parere di un esperto di un centro di recupero, a seconda della zona in cui vi trovate e delle relative temperature;
- se il peso si aggira sui 600 grammi, potete lasciarlo in natura, controllando che tutte le sere venga a mangiare le crocchette che gli lascerete in giardino, in una ciotola. Quelle per i gatti vanno benissimo.

4. Verificate se ha dei parassiti. Un riccio ferito, con parassiti, mosche che gli ronzano intorno agli aculei, che barcolla o fatica a camminare o è coricato su un fianco deve essere immediatamente portato in un centro di recupero, oppure da un veterinario. La presenza di larve e uova di mosca carnaria rende il caso urgentissimo.

5. Allarmatevi se lo vedete in pieno giorno. Al pari di qualsiasi altro animale crepuscolare-notturno, il riccio è attivo di sera o di notte. Se lo trovate che cammina smarrito o barcollante in pieno giorno oppure è fermo in campo aperto, significa che non sta bene. Soccorretelo all'istante.

6. Mettete i cuccioli al caldo. Se trovate dei cuccioli abbandonati o in difficoltà, la prima cosa da fare è scaldarli e reidratarli. Prendete una scatola dai bordi alti e lisci, mettete sul fondo della carta da cucina, sistemateci i riccetti e avvicinate loro una boule di acqua calda coperta da un asciugamano di spugna o da un pile. Se non l'avete, funzionano anche le bottiglie riempite di acqua calda, ma vanno cambiate ogni 90 minuti circa per non lasciarle raffreddare troppo. Poi contattate immediatamente un centro di recupero: i piccoli hanno poca resistenza, a maggior ragione se sono lattanti.

Distinguere un cucciolo lattante da uno svezzato non è difficile. Se ha gli occhi chiusi, non ha peli sul muso e sulla pancia ed è privo di denti, si tratta di un lattante. Se invece assomiglia a un riccio adulto, solo in dimensioni mignon, con un peso in genere superiore ai 50-100 g, è già svezzato. Per i lattanti ci vuole un latte speciale per cuccioli di cane (quello di mucca è mortale per i ricci!). Il latte di capra, non essendo abbastanza nutriente, va bene solo per pochi giorni. Per quelli svezzati, l'ideale sono le crocchette e la mousse di carne per gattini (meglio se a base di pollo).

Non cimentatevi nell'allattamento dei cuccioli: è una pratica pericolosa, che richiede esperienza. Potreste fargli andare il latte di traverso, causandogli una fatale polmonite *ab ingestis*.

7. Usate i decespugliatori con giudizio. Prima di azionare il decespugliatore, guardatevi intorno e tenetevi lontani dai cespugli: la probabilità di recare gravi lesioni ai ricci è molto alta. Per evitare danni, cominciate a tagliare l'erba a circa 30 centimetri di altezza, così da essere certi che non ci siano ricci nascosti. Stessa accortezza anche per le frese: questi animali amano annidarsi sotto i cespugli e le foglie.

8. Create un bell'angolo di rami e foglie. Lasciate a disposizione dei ricci un angolo con rami e foglie o fieno. Anche un bancale con sotto della paglia e coperto da un telo di nylon per la pioggia, oppure una catasta di legna appoggiata su un bancale, diventano un ottimo rifugio per queste bestiole.

9. Coprite i buchi. Fate attenzione a pozzetti, buchi, tubi, reti a maglia fine, che costituiscono un pericolo per i ricci. Coprite i buchi (anche un sasso può andare bene!) e lasciate almeno 10 centimetri sotto le reti, in modo che i ricci possano entrare e uscire senza problemi dal vostro giardino.

Praticate dei fori di 10x10 centimetri in ogni lato della recinzione, così che i ricci possano usufruire dei nostri spazi verdi. L'importante è che non ci siano cani aggressivi.

10. Distendete un telo sulla piscina. Delimitate la piscina con una recinzione per impedire l'accesso ai ricci. Se non fosse possibile, copritela la sera con un telone. Oppure, appoggiate sul bordo un'asse di legno con dei pioli: se un riccio dovesse cadere in acqua, gli sarà più facile uscire.

10 COSE DA NON FARE

1. Non toccate mai il nido. Se incappate in un nido, lasciatelo dov'è e non toccatelo, a meno che non ravvisiate un vero pericolo (nido distrutto ed esposto a predatori, presenza di cani aggressivi, attività umane varie che potrebbero nuocere ai ricci). Il rischio è di far scappare mamma riccia, mettendo a repentaglio la vita dei piccoli. Nel giro di pochissime settimane (massimo quattro), i ricci svezzati si sposteranno per conto proprio. Qualsiasi lavoro di giardinaggio può attendere.

Se il nido è stato disturbato o danneggiato, ricomponetelo in fretta e monitorate da lontano, in silenzio, se la madre torna regolarmente dai cuccioli, senza toccarli. Se non vedete traccia della mamma per più di 24 ore, vi conviene prelevare i piccoli: privi di latte materno, in poco tempo vanno incontro a disidratazione. Inoltre, se lasciati incustoditi potrebbero essere attaccati da gatti, cani e predatori selvatici.

2. Non dategli MAI il latte vaccino. Potrebbe essere mortale, sia per i cuccioli sia per gli esemplari adulti. Se volete prendervi cura dei ricci, costruite piuttosto una mangiatoia di legno (tipo una cassetta da vino robusta, per 6 bottiglie, con un'apertura di 10x10 centimetri nel lato più stretto) e la sera metteteci cibo per gatti: crocchette o umido, a base di pollo o manzo.

Fuori, lasciate sempre un sottovaso pieno di acqua fresca.

Oltre al latte di mucca, sono sconsigliati anche la frutta secca (in particolare le mandorle) e il pane. I ricci sono insettivori e mangiano soprattutto carne.

3. Non spostate mai un riccio da dove vive. I ricci sono animali territoriali e spesso vivono attorno a noi, nei nostri giardini. Non spostateli mai, se non ci sono validi motivi o pericoli, perché rimarrebbero disorientati e si troverebbero in grave difficoltà. Nei posti in cui vivono, sanno bene dove trovare cibo e rifugio. Aiutateli fornendo loro del cibo e una casetta.

4. Non lasciate liberi i cani la notte. Non di rado i cani tendono ad attaccare i ricci, ferendoli o uccidendoli, senza contare che anche loro potrebbero ferirsi seriamente alla bocca. Se il riccio è stato azzannato, prima di rimetterlo in libertà controllate bene che non sia ferito: a volte il morso del cane è poco visibile tra gli aculei, ma in seguito potrebbe causare alla bestiola un'infezione fatale.

5. Non bruciate cumuli di foglie e rami senza avere prima controllato. È meglio evitarlo, ma se proprio dovete dare fuoco a un cumulo di fieno o a dei rami, abbiate sempre l'accortezza di spostarli (con il rastrello e non con il forcone) prima di farli ardere: sotto, potrebbe nascondersi una famiglia di ricci. Non date mai fuoco alle sterpaglie per fare pulizia: brucereste tantissimi animaletti, oltre ai ricci.

6. Non tagliate i cespugli. Lasciate alcune aree del giardino il più naturali possibile, con l'erba alta fino alla fioritura, e i cespugli. Sono un buon nascondiglio per i ricci e non solo per loro. Piantate anche tanti alberi e cespugli che fioriscono o producono bacche: un vero rifugio per molti animali e un toccasana per noi, perché purificano e mantengono umida l'aria.

Lasciate in giro legna accatastata oppure cumuli di fieno o foglie, sotto i quali i ricci amano nascondersi e fare la tana.

7. Non usate i lumachicidi. Per tenere in ordine il giardino non serve affidarsi a lumachicidi, pesticidi o diserbanti. I ricci, mangiando le lumache, muoiono a loro volta intossicati e questi veleni, essendo cancerogeni, fanno molto male anche a noi. In commercio esistono prodotti innocui: per saperne di più, chiedete informazioni al consorzio agrario più vicino. E ricordate che per concimare il giardino il materiale di sfalcio è ottimo.

8. Non abbandonate plastica e lattine in giro. Il rischio è che si trasformino in una trappola mortale per i ricci, e non solo per loro. Raccogliete la plastica, i vetri e le lattine che trovate in giro, contribuirete a rendere questo mondo più sano e pulito.

9. Non trattate il riccio come un animale da compagnia. Il riccio europeo è un animale selvatico, tutelato e protetto dalla legge. Timido e inoffensivo, vive di notte. Non è possibile tenerlo come animale da compagnia o confinarlo nel giardino di casa: lasciate che viva libero.

10. Non acquistate ricci africani. A differenza dei ricci nostrani, quelli africani possono essere acquistati, a causa della CITES, la convenzione internazionale sul commercio di animali e piante in pericolo. Non alimentate questo insano commercio: è assurdo che un animale selvatico trascorra la sua esistenza chiuso in una gabbia. Piuttosto, fate opera di volontariato nei vari centri di recupero della fauna selvatica. È importante salvaguardare la natura da chi la sta rapidamente distruggendo, cioè l'uomo.

PIÙ UN CONSIGLIO PRATICO

Dubbi, domande, suggerimenti pratici? Cercateci sulla nostra pagina Facebook «Centro Recupero Ricci La Ninna» e saremo lieti di aiutarvi a mettere in sicurezza i nostri amati ricci, piccoli o grandi che siano.

Troverete inoltre tutte le indicazioni per farci una donazione o adottare un riccio a distanza. Non riceviamo sovvenzioni statali: il vostro prezioso aiuto ci permetterà di andare avanti a curare queste meravigliose creature.

Ringraziamenti

RINGRAZIO Lucy Ghigliano, che si è occupata di registrare i dati e ha tenuto un dettagliato resoconto del periodo qui narrato; Mattia Fabris, che ha raccolto le mie idee con grande pazienza e mi ha aiutato nella prima stesura del libro; Deborah Tagliacozzo, che mi ha appoggiato con la sua professionalità nella stesura definitiva; la pittrice e amica del Centro Danka Weitzen, che ha dipinto per noi la meravigliosa immagine di copertina; Davide Stanic, prezioso nella ricerca di soluzioni anche quando tutto sembra perduto; Rosie Koch e Roland Gockel, della troupe della trasmissione tedesca *Geo 360*, sulla rete televisiva ARTE, per aver gentilmente fornito alcune delle foto che arricchiscono il libro; tutti i volontari del Centro che si spendono generosamente ogni giorno per portare avanti il nostro sogno; tutti coloro che, a vario titolo, hanno contribuito a salvare la delfina Kasya; e in particolare il console iraniano a Milano Daryoush Sowlat e il suo segretario Mammad Siahjani per la disponibilità e l'aiuto determinante nel risolvere la delicata situazione. Senza di loro non ce l'avremmo fatta! Grazie papà per essermi vicino sempre.

Finito di stampare presso Grafica Veneta S.p.A.
Via Malcanton, 2 – Trebaseleghe (PD)
Printed in Italy

Prova d'acquisto
978-88-200-7214

Sopra, il Centro ricci appoggiato sulla rocca di Novello, sullo sfondo il castello e le montagne. Sotto, la bellezza selvaggia e incontaminata del Paradiso. (Foto Roland Gockel e Rosie Koch)

Sopra, Barbara mentre aiuta amorevolmente un disabile a mangiare. Sotto, tengo in mano un cucciolo svezzato. (Foto Roland Gockel e Rosie Koch)

Sopra, l'immagine soave di due cuccioli che dormono vicini. Sotto, io con un piccolo svezzato da poco. (Foto Roland Gockel e Rosie Koch)

Sopra, un cucciolo lattante nella mia mano. Sotto, un neonato di pochi giorni in tutta la sua meravigliosa fragilità. (Foto Roland Gockel e Rosie Koch)

Sopra a sinistra, lo sguardo disarmante di Daniele. (Foto Daniela Monti) *A destra, ora della pappa per Casimira. Sotto, Spilla, una riccia disabile, e il suo cucciolo teneramente abbracciati.*

Sopra, Nina e io a tarda notte. Evviva, la piccola si è rimessa a mangiare da sola.
Sotto, all'ombra della luna... (Foto Roland Gockel e Rosie Koch)

Sopra a sinistra, Cristina con il dolcissimo Blondie, un riccio disabile molto amato. A destra, Blondie al calduccio sotto le coperte di pile. Sotto a sinistra, la mia cara Antonina. A destra, Soffia, la «nonnetta» disabile, con Gloria.

Sopra, Alice, la mia simpatica «vampiretta», mentre mordicchia affamata la siringa della pappa.
Sotto a sinistra, Alice dorme tutta rannicchiata, dolcissima.
Sotto a destra, una giornata indaffarata al centro: sto disinfettando un riccio ferito a una zampa.
(Foto Roland Gockel e Rosie Koch)

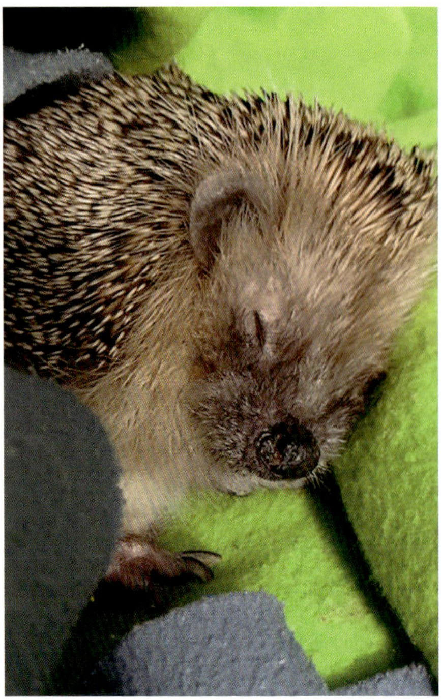

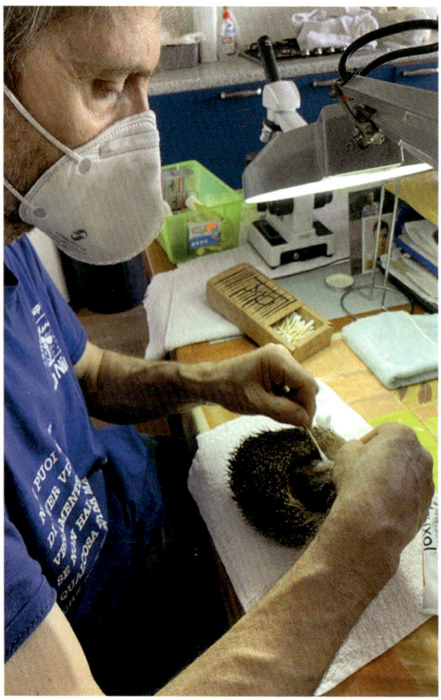

Sopra, un riccio appallottolato in atteggiamento difensivo. Sotto, il profumo della libertà. (Foto Roland Gockel e Rosie Koch)

Sopra, Kasya alla Milad Tower con uno dei suoi giochi per ingannare la solitudine. (Foto Ivan Zatsepilov) *Sotto, Kasya e Ivan al delfinario di Teheran a pochi giorni dal volo.* (Foto Amir Shirazin)

Sopra, Kasya non vuole lasciarsi prendere per essere trasportata in salvo. Sotto, finalmente si lascia catturare, ora è tra le braccia di Ivan. (Foto Katayoon Jahangiri e Moahamad Norouzian)

Sopra, Kasya nella vasca allestita per il trasporto. Sotto, sul camion diretto all'aeroporto, con lei Ivan e Amir. (Foto Katayoon Jahangiri e Moahamad Norouzian)

Sopra, Kasya sull'aereo, finalmente. Abbiamo dovuto far smontare i sedili dietro per piazzare la vasca. Sotto, Kasya assistita da Ivan e Amir, manca poco al decollo verso Kish Island. (Foto Katayoon Jahangiri e Moahamad Norouzian)

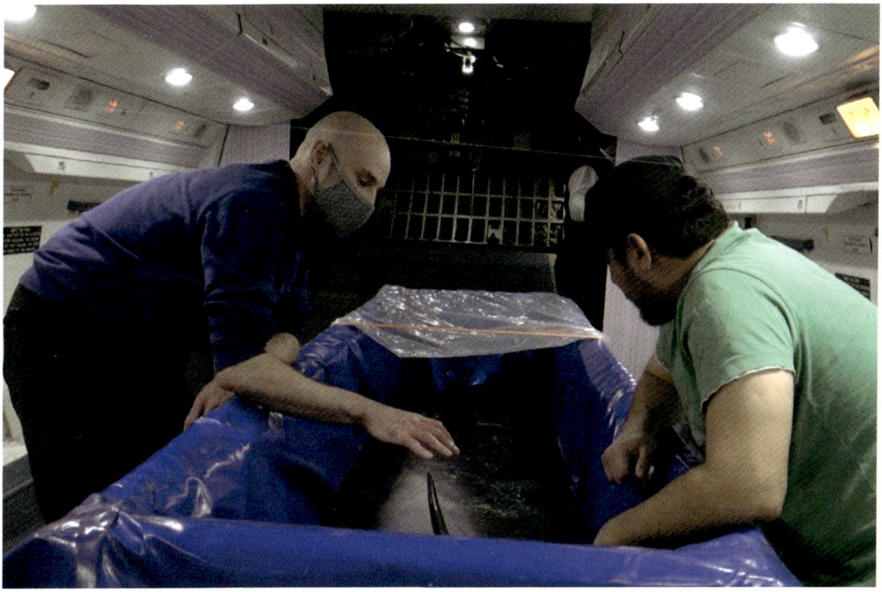

Sopra, Kasya non è più sola. È l'ora di cena, eccola che reclama il cibo assieme ai suoi nuovi amici. Sotto, tempo di coccole: Kasya si fa massaggiare da Ivan tutta felice. (Foto Amir Shirazin)

Sopra, Kasya con Ivan, in salvo al delfinario di Kish Island. A sinistra, Kasya con il piccolo Danny; i due sono molto legati. (Foto Amir Shirazin)
Sotto, Kasya, dolce e bellissima. (Foto Ivan Zatsepilov)

Sopra, Gianna, nel suo musetto mutilato l'immagine yin e yang di gioia e dolore. Dopo un mese di cure la riccia ha dato inaspettatamente alla luce cinque cuccioli ai quali è molto legata. Sotto, il profilo dell'amore. (Foto Roland Gockel e Rosie Koch)